फेशियल ब्यूटी टिप्स

घर में उपलब्ध वस्तुओं से करें अपना सौंदर्य उपचार

लेखिका

अपर्णा मजूमदार

वी एण्ड एस पब्लिशर्स

प्रकाशक

FA2/16, अंसारी रोड, दरियागंज, नयी दिल्ली-110002
☎ 23240026, 23240027 • फैक्स: 011A23240028
EAmail: info@vspublishers.com • *Website:* www.vspublishers.com

क्षेत्रीय कार्यालय : हैदराबाद

5-1-707/1, ब्रिज भवन (सेन्ट्रल बैंक ऑफ इण्डिया लेन के पास)
बैंक स्ट्रीट, कोटी, हैदराबाद-500 095
☎ 040-24737290
E-mail: vspublishershyd@gmail.com

शाखा : मुम्बई

जयवंत इंडस्ट्रिअल इस्टेट, 2nd फ्लोर - 222,
तारदेव रोड अपोजिट सोबो सेन्ट्रल मॉल, मुम्बई - 400 043
☎ 022-23510736
E-mail: vspublishersmum@gmail.com

फ़ॉलो करें:

हमारी सभी पुस्तकें **www.vspublishers.com** पर उपलब्ध हैं

© **कॉपीराइट:** वी एण्ड एस पब्लिशर्स

संस्करण: 2017

भारतीय कॉपीराइट एक्ट के अन्तर्गत इस पुस्तक के तथा इसमें समाहित सारी सामग्री (रेखा व छायाचित्रों सहित) के सर्वाधिकार प्रकाशक के पास सुरक्षित हैं। इसलिए कोई भी सज्जन इस पुस्तक का नाम, टाइटल डिजाइन, अन्दर का मैटर व चित्र आदि आंशिक या पूर्ण रूप से तोड़-मरोड़ कर एवं किसी भी भाषा में छापने व प्रकाशित करने का साहस न करें, अन्यथा कानूनी तौर पर वे हर्जे-खर्चे व हानि के जिम्मेदार होंगे।

मुद्रक: रेप्रो नॉलेजकास्ट लिमीटेड, ठाणे

प्रकाशकीय

'वी एण्ड एस पब्लिशर्स' पिछले अनेक वर्षों से जनरूचि एवं आत्मविकास की पुस्तकें प्रकाशित करते आ रहे हैं। पुस्तक प्रकाशन की अगली कड़ी में हमने 'फेसियल ब्यूटी टिप्स' पुस्तक प्रकाशित किया है।

अकसर महिलाएँ लुभावने विज्ञापनों के शब्दजाल में फंसकर कृत्रिम सौंदर्य प्रसाधनों का इस्तेमाल तो कर लेती है, मगर इसके नियमित इस्तेमाल के बाद अपने बिगड़े सौंदर्य को देखकर अफसोस करती है कि काश, इसका इस्तेमाल न किया होता तो बेहतर रहता।

प्रस्तुत पुस्तक में घर में आसानी से उपलब्ध वस्तुओं द्वारा नारी सौंदर्य के आसान उपचार की विधि बताई गई है, साथ ही सौंदर्य संबंधी समस्या उत्पन्न होने के कारण आवश्यक सावधानी, सही खानपान, फल-सब्जियों और मसालों में पाए जाने वाले तत्वों का वर्णन तथा ये तत्व किस तरह त्वचा में प्रभाव डालते हैं इसकी भी जानकारी दी गई है।

हमें आशा करते हैं कि यह पुस्तक आपको अवश्य पसंद आएगी। पुस्तक में पायी गई किसी त्रुटि या सुझाव हेतु आपके पत्र सादर आमंत्रित हैं।

विषय-सूची

डार्क सर्कल..7
डार्क सर्कल उत्पन्न होने के कारण.....................................7
डार्क सर्कल दूर करने के उपाय..9
थकी आंखों के लिए उपाय..11
भौंहों का सौंदर्य..13
भौंहों के सौंदर्य के लिए उपाय.......................................14
होंठों का सौंदर्य..16
होंठों की सुंदरता के लिए उपाय.....................................19
होंठों का कालापन..20
होंठों का कालापन दूर करने के उपाय..............................22
दांतों का सौंदर्य..23
दांतों के सौंदर्य के लिए उपाय..25
सांस की दुर्गंध..27
सांस की दुर्गंध उत्पन्न होने के कारण...............................27
सांसों की दुर्गंध का पता कैसे चले?.................................28
सांसों की दुर्गंध दूर करने के उपाय.................................29
बालों का झड़ना..31
बालों के गिरने के कारण..31
बालों की सिंकाई..33
बालों का सफेद होना..36
बालों के असमय सफेद होने के कारण.............................36
डेंड्रफ...40

बालों में डेंड्रफ होने के कारण..40
बालों को भाप दें..42
इन्हें आजमाएं..42

चेहरे का सौंदर्य..45
कैसे पहचानें त्वचा का मिजाज?...45
सामान्य त्वचा की देखभाल..46
सामान्य त्वचा के लिए उपाय..47
तैलीय त्वचा की देखभाल..48
तैलीय त्वचा के लिए उपाय..49
शुष्क त्वचा की देखभाल...51
शुष्क त्वचा के लिए उपाय...52
मिश्रित त्वचा की देखभाल...54
मिश्रित त्वचा के लिए उपाय...54
संवेदनशील त्वचा की देखभाल..55
संवेदनशील त्वचा के लिए उपाय..55

चेहरे की झुर्रियां..56
कम उम्र में त्वचा पर झुर्रियां उत्पन्न होने के कारण.......................56
चेहरे की झुर्रियां दूर करने के उपाय..58

झांइयों की समस्या..61
झांइयां उत्पन्न होने के कारण..61
झांइयां दूर करने के उपाय..63

डबल चिन..65
डबल चिन की समस्या उत्पन्न होने के कारण..............................65
डबल चिन की समस्या से बचने के उपाय..................................65

आँखों का सौंदर्य

आंखों के इर्द-गिर्द काले निशान (डार्क सर्कल) और झुर्रियां पड़ जाने पर सुंदर-से-सुंदर चेहरे और झील-सी गहरी आंखों का आकर्षण खत्म हो जाता है। आंखों के ऊपर व नीचे की त्वचा चेहरे के अन्य हिस्सों की अपेक्षा काफी पतली व नाजुक होती है। आंखों के नीचे मॉइश्चराइजर ग्लैंड नहीं होती, इसलिए इस हिस्से पर उम्र, तनाव व लापरवाही का प्रभाव शीघ्र पड़ता है। आंख चेहरे का सबसे महत्वपूर्ण हिस्सा है। थोड़ी सी लापरवाही आंखों के सौंदर्य को खराब कर सकती है। डार्क सर्कल ऐसी ही एक समस्या है

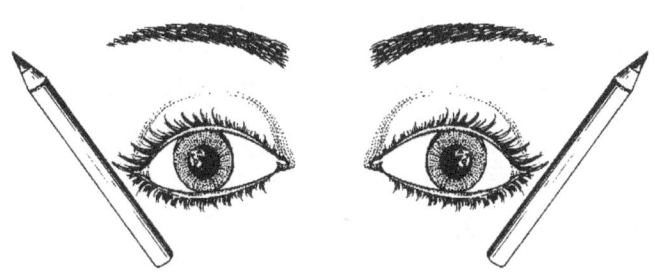

डार्क सर्कल उत्पन्न होने के कारण

शरीर में खून की कमी, यूरीन इंफेक्शन (पेशाब का संक्रमण), कुपोषण, अनिद्रा, डायटिंग, कब्ज, थकान, नींद पूरी न होना, देर रात तक जागना, अति मैथुन, मानसिक तनाव, चिंता, शक्ति से अधिक शारीरिक श्रम करना, अपर्याप्त रोशनी में काम करना या पढ़ना, लंबी बीमारी, एंटी-बॉयटिक दवाओं का अधिक व नियमित इस्तेमाल करना, गहरा मेकअप करना, धूम्रपान या मादक द्रव्यों का इस्तेमाल करना, आनुवंशिकता आदि कारणों

से आंखों के नीचे डार्क सर्कल उत्पन्न हो जाते हैं। किसी-किसी महिला को प्रसव के बाद हार्मोनों की गड़बड़ी के कारण भी डार्क सर्कल की समस्या उत्पन्न हो जाती है।

इन बातों पर ध्यान दें–

- आंखों के स्वास्थ्य एवं सुंदरता के लिए, कम से कम आठ घंटे अवश्य सोना चाहिए। इसलिए नींद पूरी लें।
- अधिक सोना भी आंखों के सौंदर्य के लिए हानिकारक होता है। अतः आवश्यकता से अधिक नहीं सोना चाहिए।
- अधिक तेज या कम रोशनी में लिखाई-पढ़ाई या अन्य काम न करें।
- अधिक देर तक लगातार टी.वी. देखने से आंखों के स्वास्थ्य व सौंदर्य पर प्रभाव पड़ता है।
- धूल, धूप, धुआं, तेज रोशनी, घटिया सौंदर्य सामग्री आदि से आंखों को बचाएं।
- लेटकर या झुककर पुस्तक न पढ़ें। इससे आंखें प्रभावित होती हैं। हमेशा रीढ़ की हड्डी को सीधे रखकर पुस्तक पढ़ें। रीढ़ की हड्डी को सीधा रखने के लिए कुर्सी पर सीधा बैठें। अधिक नजदीक या अधिक दूरी पर पुस्तक रखकर पढ़ने से भी आंखों पर बुरा असर पड़ता है। मंद प्रकाश, चलती बस या ट्रेन में पुस्तक न पढ़ें।
- अधिक हिंसा, बीभत्स, भयानक व तनाव वाली फिल्में न देखें। ये आंखों पर गलत प्रभाव डालती हैं।
- चिंता, मानसिक तनाव, क्रोध से बचें। यह भी आंखों के सौंदर्य को नष्ट कर देते हैं।
- धूम्रपान आंखों के सौंदर्य के लिए हानिकारक होता है। लगातार धूम्रपान से आंखों के नीचे झुर्रियां व कालापन आ जाता है।
- इलेक्ट्रिक हेयर ड्रायर का लगातार इस्तेमाल करने से तथा बार-बार खिजाब लगाने से आंखों का सौंदर्य प्रभावित होता है।

- खुशी हो या ग़म, आंसुओं को रोकें नहीं, बह जाने दें। आंसुओं को रोकने से आंखों का सौंदर्य नष्ट होता है।
- दिनभर में आठ-दस गिलास पानी अवश्य पिएं। पानी शरीर की गंदगी को साफ करता है तथा आंतरिक कोशिकाओं की आर्द्रता को बनाए रखता है।
- लगातार उपवास या डायटिंग करने से आंखों का सौंदर्य बिगड़ जाता है।
- आंखों के आस-पास गहरा मेकअप न करें। इससे आंखों के आस-पास की कोमल त्वचा के स्टोमेटा (रंध्र) बंद हो जाते हैं, जिससे त्वचा को पर्याप्त मात्रा में पोषण व ऑक्सीजन नहीं मिल पाती है।
- आंखों के आस-पास ब्लीच न कराएं। इससे आंखों की कोमल त्वचा लटक जाती है।
- आंखों के नीचे की त्वचा काफी नाजुक होती है। इसलिए आंखों के नीचे मसाज न करें। मसाज करने से वहां की त्वचा ढीली होकर लटक जाती है।
- आंखों के सौंदर्य को बनाए रखने के लिए अपने आहार में विटामिन 'ए' व 'डी' युक्त खाद्य पदार्थ, हरी सब्जी, सलाद, ताजे फल, दूध, दही, पनीर अंकुरित खाद्यान्न आदि शामिल करें।
- आंखों के आस-पास फेस पैक या फेस मास्क न लगाएं।
- पढ़ाई लिखाई या बारीक काम करते वक्त हर आधे घंटे बाद 5 मिनिट आंखें बंद कर उन्हें विश्राम दें।
- आंखों के आस-पास डार्क सर्कल न हो, इसलिए अपने भोजन में विटामिन-सी अवश्य लें।
- डार्क सर्कल होने लगें तो तुरंत समुचित उपाय करें।

डार्क सर्कल दूर करने के उपाय

- आलू को पीसकर पतले कपड़े में रखकर पोटली जैसा बना लें। इसे आंखों के नीचे हलके हाथों से मलें। आलू में पाया जाने वाला

एंजाइम डार्क सर्कल को दूर करता है। यह प्रयोग नियमित कर सकते हैं।

- एक चम्मच गुलाबजल, एक चम्मच ककड़ी का रस अच्छी तरह से मिला लें। इसे रुई के फाहे से आंखों के नीचे लगाएं। गुलाबजल और ककड़ी में पाए जाने वाले तत्त्व कैल्शियम, फास्फोरस, आयरन, मैग्नीशियम, विटामिन 'सी', विटामिन 'ई' आदि तत्त्व डार्क सर्कल को दूर कर देते हैं तथा त्वचा को पोषण देकर आंखों को सुंदर बनाते हैं।

- एक चम्मच खीरे का रस, चार बूंद शहद, चार बूंद आलू का रस, चार बूंद बादाम का तेल अच्छी तरह मिला लें। रुई के फाहे से आंखों के डार्क सर्कल पर लगाएं। यह प्रयोग डार्क सर्कल दूर करने के लिए काफी लाभदायक होता है। खीरा, शहद, आलू और बादाम में पाए जाने वाले तत्त्व डार्क सर्कल को दूर कर देते हैं।

- पुदीना की कोमल पत्तियों को बारीक पीस लें। इस पेस्ट को आंखों के डार्क सर्कल पर लगाएं, पुदीना की पत्तियों में अधिक मात्रा में कैल्शियम, फास्फोरस, आयरन, विटामिन 'ए' आदि तत्त्व पाए जाते हैं। यह उपाय नियमित करने से डार्क सर्कल की समस्या दूर हो जाती है।

- रात को एक बादाम दूध में भिगोकर रखें। सुबह उठकर बादाम को घिस लें। इसे आंखों के डार्क सर्कल पर लगाएं। सूख जाने पर पानी से साफ कर लें। बादाम में प्रोटीन, विटामिन, खनिज पदार्थ, कैल्शियम, मैग्नीशियम, आयरन, फास्फोरस आदि पर्याप्त मात्रा में पाए जाते हैं, जो त्वचा के कालेपन को ब्लीच करके साफ कर देते हैं। यह प्रयोग नियमित करने से डार्क सर्कल की समस्या उत्पन्न नहीं होती है।

- खीरे को काटकर घिसने से जो झाग निकलता है, उस झाग को डार्क सर्कल पर लगाने से डार्क सर्कल दूर होते हैं। इस झाग में एक प्रकार का एंजाइम पाया जाता है, जो कालेपन को दूर कर देता है।

- तुलसी के पत्तों को अच्छी तरह पीसकर आंखों के नीचे लगाएं। पंद्रह मिनट बाद ठंडे पानी से साफ कर लें। तुलसी के पत्तों में

पाए जाने वाले तत्त्व डार्क सर्कल को दूर करने में सहायक होते हैं। इसे नियमित कर सकते हैं।

- एक चम्मच टमाटर का रस, दो बूंद नीबू के रस में मिलाकर डार्क सर्कल पर लगाएं। दस मिनट बाद ठंडे पानी से साफ कर लें। टमाटर और नीबू में विटामिन 'ए', 'सी', कैल्शियम, पोटेशियम फास्फोरस, आयरन आदि तत्त्व पाए जाते हैं। टमाटर में पाया जाने वाला लाइकोपिन नामक तत्त्व फ्री रेडीकल्स को समाप्त करता है, त्वचा में निखार लाता है और कालेपन को दूर करता है। यह प्रयोग भी नियमित कर सकते हैं।
- आधा चम्मच शहद में दो-तीन बूंद संतरे का रस मिलाकर डार्क सर्कल पर लगाएं। 10-15 मिनट बाद पानी से साफ कर लें। शहद और संतरे में पाए जाने वाले तत्त्व डार्क सर्कल को दूर कर देते हैं तथा यहां की त्वचा को साफ बनाते हैं। यह प्रयोग नियमित कर सकते हैं। संतरा न होने पर मौसमी या नीबू का रस मिलाया जा सकता है।
- चाय की पत्ती को पानी में उबालकर छान लें। गुनगुने पानी से आंखों के नीचे सेक करें।
- बादाम रोगन की मालिश डार्क सर्कल को दूर करने में विशेष फायदेमंद है। मालिश हमेशा अन्दर से बाहर की ओर करें।
- एक रूमाल में जौ का आटा व चंदन पाउडर समान मात्रा में मिला लें। अब इसे बांध दें। पोटली को गुलाबजल में भिगोकर डार्क सर्कल पर रखें और 15 मिनिट आंखें मूंद कर लेट जाए। नियमित प्रयोग से डार्क सर्कल खत्म हो जाएंगें।

थकी आंखों के लिए उपाय

- आंखें थकी हुई महसूस होने पर, आंखें बंद करके कुछ देर के लिए लेट जाएं। इससे आंखों की कोशिकाओं व तंत्रिकाओं को आराम मिलेगा और आंखों की थकान दूर होगी।

- गर्मी के दिनों में आंखें थकी होने पर, बर्फ के टुकड़ों को किसी कपड़े में लेकर आंखों पर रखें। इससे आंखों की लालिमा दूर होगी। बर्फ आंखों की त्वचा और मांसपेशियों में संकोचन उत्पन्न कर रक्त प्रवाह को तेज कर देती है, जिससे आंखों की थकान दूर हो जाती है।

- रुई के फाहे में गुलाबजल लेकर थकी आंखों पर रखें। 5-10 मिनट तक शांति से लेट जाएं। इससे थकी आंखों को काफी राहत मिलेगी। गुलाबजल में पाए जाने वाले तत्त्व आंखों की थकान दूर करने के साथ-साथ आंखों को ऊर्जावान भी बनाते हैं।

- खीरे को गोलाइयों में काटकर थकी आंखों पर रखने से आंखों को राहत मिलती है। खीरे में पाए जाने वाले तत्त्व आंखों की थकान को शीघ्र दूर कर देते हैं। यह आंखों की त्वचा के लिए भी काफी लाभदायक होता है।

- एक गिलास पानी में एक मुठ्ठी त्रिफला पाउडर डालकर काली मिट्टी के बर्तन में रात को रख दें। सुबह पानी को छानकर उससे आंखें धोएं। थकी आंखों को आराम मिलेगा। नेत्र ज्योति भी बढ़ेगी।

- हरे धनिए को पीसकर उसका एक बूंद रस आंखों में डालें। आंखों की थकान दूर होगी।

भौंहों का सौंदर्य

भौंहें सौंदर्य व व्यक्तित्व की परिचायक होती हैं। बेतरतीब ढंग से फैले हुए भौंहों के बाल चेहरे के आकर्षण को खत्म करते हैं। भौंहों को सही आकार देकर चेहरे के आकर्षण को बढ़ाया जा सकता है।

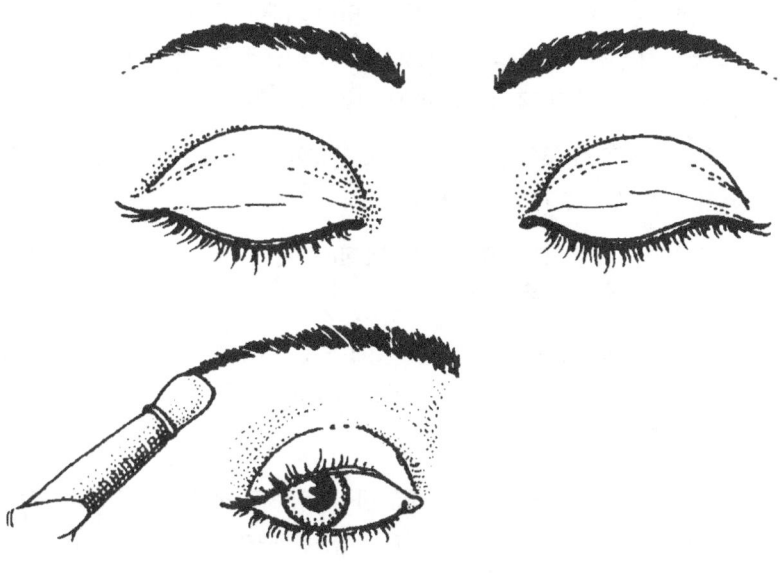

शारीरिक सौंदर्य के प्रतिमान हर युग में समय के साथ बदलते रहे हैं, किन्तु सपनीली कजरारी आंखें हर युग में सौंदर्य-बोध का जीवन्त माप-दंड रही हैं। शाश्वत सौंदर्य की प्रतीक आंखों के आकर्षण में अभिवृद्धि करने में सुन्दर तराशी हुई भौंहों का महत्वपूर्ण योगदान होता है।

इन बातों का ध्यान रखें

- यदि आपकी भौंहें प्राकृतिक रूप से सुंदर व धनुषाकार हैं, तो उनसे छेड़छाड़ न करें।
- भौंहों को सही आकार देने के लिए, थ्रेडिंग तथा ट्वीजर दो विधियां हैं।
- थ्रेडिंग विधि में भौंहों को आकार देकर धागे की सहायता से अनावश्यक बालों को खींचकर निकाला जाता है।
- दूसरी विधि, ट्वीजर में चिमटी की सहायता से बालों को खींचकर निकाला जाता है और भौंहों को आकार दिया जाता है।
- भौंहों को आकार देने से पहले, भौंहों को गुनगुने पानी से धो लें। फिर रोएंदार तौलिए से सुखा लें। इससे त्वचा कोमल हो जाएगी और बाल उखाड़ने (निकालने) पर तकलीफ भी कम होगी।
- भौंहों के बाल उखाड़ने के बाद उस स्थान पर बर्फ के टुकड़े रगड़ने से दर्द कम होगा और सूजन भी नहीं आएगी।
- भौंहों के पूरे बाल उखाड़कर नकली भौंहें न बनाएं। यह देखने में काफी भद्दी लगती हैं।
- यदि आपकी दोनों आंखों के बीच का फासला अधिक है तो भौंहें कुछ पास रखे। इसी तरह आंखें पास-पास हों तो भौंहों का अंतर बढ़ा दें।
- आपकी भौंहें ठीक वहीं से शुरू होनी चाहिए, जहां से आपकी आंखें, और आकार देते हुए धीरे-धीरे पतला करते हुए आंख की बाहरी कोट से जरा-सा आगे तक ले जाएं। दोनों भौंहों के बीच कम से कम दो अंगुल जगह अवश्य छोड़े।

भौंहों के सौंदर्य के लिए उपाय

- भौंहों को घना बनाने के लिए रुई के फाहे को गुनगुने पानी में भिगोकर भौंहों पर लगाएं। इसके बाद हलके हाथों से भौंहों पर

मालिश करें। 10 मिनट तक ऐसा करें। इससे भौंहों की त्वचा पर तेजी से रक्त संचार होता है और भौंहें घनी व सुंदर होती हैं।

✦ भौंहों पर नियमित रूप से जैतून का तेल मलें। जैतून के तेल में पाए जाने वाले तत्त्व भौंहों को पोषण देकर उन्हें काली और घनी बनाते हैं।

✦ भौंहों पर बादाम का तेल नियमित रूप से लगाने पर भौंहों का आकर्षण बढ़ता है। भौंहें सुंदर, काली व घनी बनती हैं। बादाम का तेल भौंहों को सही पोषण देता है, जिससे भौंहें सुंदर बन जाती हैं।

✦ दो बूंद बादाम रोगन में दो बूंद शहद मिलाकर भौंहों पर नियमित लगाएं। बादाम रोगन व शहद भौंहों की जड़ों को अच्छा पोषण देकर भौंहों को सुंदर, काली व घनी बनाते हैं।

✦ भौंहों की वृद्धि कम होने पर सप्ताह में दो बार भौंहों पर अंडे की जर्दी लगाएं। अंडे की जर्दी में पाया जाने वाला सेलेनियम भौंहों को पोषण देकर उनकी वृद्धि करता है। यह प्रयोग कम से कम एक माह तक करें। आपको लाभ दिखाई देगा।

✦ पलकों पर आई-शैडो का प्रयोग करने से भौंहें और अधिक आकर्षक हो उठती हैं।

✦ प्लकिंग से भौंहों के बाल उखाड़ने के पश्चात उस स्थान पर अच्छी किस्म की एन्टीसेप्टिक क्रीम अवश्य लगा लें।

✦ यदि भौंहों के बाल छितरे-से हों तो आई-ब्रो पैंसिल की मदद से उन्हें घना बनाया जा सकता है।

होंठों का सौंदर्य

होंठों की संरचना अत्यंत नाजुक व महत्वपूर्ण होती है। होंठ शरीर का ऊपरी आवरण नहीं है, बल्कि यह अंदरूनी आवरण है। होंठ का गुलाबी हिस्सा ग्लूकोसा (श्लेष्मा) होता है, जिसकी वजह से होंठ गुलाबी दिखाई देते हैं। होंठों में शरीर की त्वचा की भांति स्वेद ग्रंथियां नहीं होतीं। होंठों में ऑयल या फैट उत्पन्न करने वाली सिबेशिया ग्रंथि भी नहीं होती है। होंठो को शरीर का सर्वाधिक सरस, कोमल तथा मधुर अंग माना गया है। महाकवि कालिदास ने अधरों को 'प्रेम का सर्वस्व' कह कर सम्बोधित किया है।

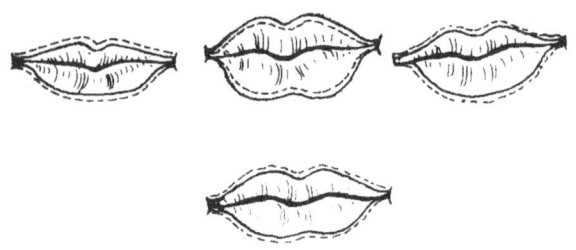

होंठों के कई महत्वपूर्ण कार्य हैं। चूसना होंठों का सबसे पहला काम है। शिशु अपनी मां के स्तन को चूसकर दूध पीता है। होंठों का दूसरा काम है मुंह से श्वास लेते समय कोई अवांछित तत्त्व मुंह के अंदर जाने से रोकना। होंठ किसी वस्तु के तापमान को बहुत अच्छी तरह पहचानते हैं। जिस तापमान वाली वस्तु शरीर के लिए ग्रहण करने योग्य है, होंठ उसे स्वीकार कर लेते हैं, अन्यथा अस्वीकार कर देते हैं। होंठ बातचीत करने में मुख्य भूमिका निभाते हैं, स्वर तंत्र, जीभ तथा होंठ मिलकर शब्दों का उच्चारण करने में सहायता करते हैं। शब्दों के उच्चारण होंठों के खुलने व बंद करने पर निर्भर होते हैं। होंठों के कंपन सही न होने

पर उच्चारण गलत होता है। होंठ आनंद व अनुभूति भी प्रदान करते हैं। यौन साहचर्य में होंठ विशेष भूमिका निभाते हैं। इन सभी कार्यों को करने के लिए होंठों में आर्बीक्यूलरीज ओरिस नामक मांसपेशी सक्रिय होती है।

नारी के आकर्षण में होंठों का विशेष महत्त्व है। प्राकृतिक सौंदर्य वाले होंठ, नारी के चेहरे की सुंदरता में चार चांद लगाते हैं। जिनके होंठ जितने नाज़ुक, मुलायम, सुंदर व सुर्ख होते हैं, उनका चेहरा उतना ही खिला-खिला व निखरा हुआ लगता है। कवियों ने होंठों की तुलना गुलाब की पंखुड़ियों से की है। किसी मनचले ने होंठों की तुलना संतरे की फांक से की है। होंठों के प्रति की गई असावधानी व लापरवाही होंठों के सौंदर्य को नष्ट कर देती है। होंठों की प्राकृतिक सुंदरता को बनाए रखने के लिए विशेष सतर्कता और सावधानी रखें।

इन बातों का ध्यान रखें

- दो-तीन प्रकार की लिपस्टिक मिलाकर होंठों पर न लगाएं। ऐसा करने से होंठों का सौंदर्य बिगड़ जाता है।
- लिपस्टिक को रगड़-रगड़ कर न उतारें। ऐसा करने से होंठों का आकार बिगड़ जाता है तथा उनकी सुंदरता नष्ट हो जाती है।
- होंठों को जीभ से चाटते रहने से भी होंठों की त्वचा प्रभावित होती है, जिससे होंठों का सौंदर्य बिगड़ जाता है।

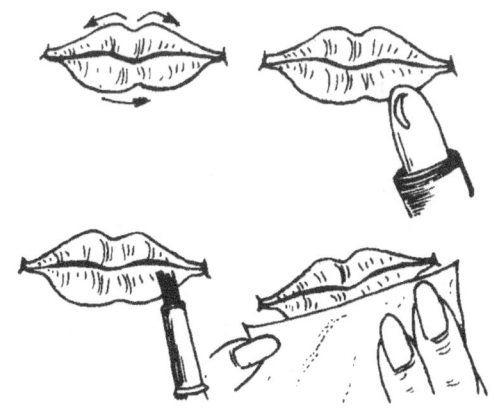

- होंठों को दांतों के बीच लाकर दबाने तथा होंठों को मुंह के अंदर खींचते रहने से भी होंठों का सौंदर्य नष्ट हो जाता है।
- यदि आपके पति चुंबन लेते समय आपके होंठों को मुंह में लेकर खींचते हैं, तो उन्हें ऐसा करने के लिए मना करें। ऐसा करने से होंठों का आकार बिगड़ जाता है।
- क्रोध में आकर अपने होंठों को दांतों के बीच लाकर काटने से होंठों का आकर्षण नष्ट हो जाता है।
- बहुत गर्म चाय, कॉफी, दूध के कप, गिलास आदि होंठों से लगाने से होंठों की सुंदरता व कोमलता नष्ट हो जाती है।
- पिन, क्लिप, पेन, पेंसिल आदि चीजें मुंह में डालकर बैठे रहने से होंठों की कोमल त्वचा प्रभावित होती है।
- धूम्रपान करने से होंठ अपनी प्राकृतिक सुंदरता व कोमलता खो देते हैं।
- दांतों से नाखून चबाने की आदत होंठों को नुकसान पहुंचाती है।
- मुंह में अंगूठा डालकर चूसते रहने से निचला होंठ मोटा व बड़ा हो जाता है।
- होंठों पर हमेशा लिपस्टिक लगाए रखने से भी होंठों की प्राकृतिक सुंदरता नष्ट हो जाती है।
- रात को होंठों पर लिपस्टिक लगाकर सोने से होंठों की सुंदरता शीघ्र नष्ट हो जाती है।
- मुड़े हुए ब्रिसल वाले ब्रुश से दांत साफ करने से होंठ प्रभावित होते हैं।
- दूसरों के द्वारा इस्तेमाल की गई लिपस्टिक या लिपस्टिक ब्रुश का इस्तेमाल न करें। इससे श्वास, गला, त्वचा, मुख व होंठों का संक्रमण होने का भय रहता है।
- जोश या खुशी में आकर जहां-तहां न चूमें। इससे होंठों पर संक्रमण होने की संभावना रहती है।

होंठों की सुंदरता के लिए उपाय

- प्रतिदिन होंठों पर कच्चा दूध लगाने से होंठ सुंदर बने रहते हैं। दूध में पाए जाने वाले तत्त्व कैल्शियम रेटिनॉल, लैक्टोज आदि होंठों की त्वचा को पोषण देकर होंठों की चमक को बनाए रखते हैं।

- खीरे की फांक, संतरे की फांक, मौसमी की फांक (इनमें से कोई एक) होंठों पर नियमित रगड़ने से होंठों की त्वचा सुंदर व मुलायम बनती है। यह उपाय होंठों को ठंडक भी प्रदान करता है। गर्मी के दिनों में इसका इस्तेमाल करने से होंठों की प्राकृतिक सुंदरता बनी रहती है।

- एक चम्मच दूध-मलाई, इसमें दो-तीन बूंद नीबू का रस मिलाकर हलके हाथों से होंठों पर मलें, इससे होंठ सुंदर व कोमल बने रहेंगे। दूध-मलाई अच्छे किस्म का क्लिंजर है तथा इसका मॉइश्चराइजर गुण होंठों को मुलायम बनाता है।

- रात को सोते वक्त होंठों पर जैतून का तेल या शुद्ध नारियल का तेल लगाने से होंठ मुलायम बने रहते हैं। जैतून या नारियल के तेल में पाए जाने वाले तत्त्व होंठों की त्वचा को मुलायम व सुंदर बनाते हैं।

- गुलाब की ताजी पंखुड़ियां तथा मक्खन मिलाकर होंठों पर लगाने से होंठ चिकने व सुर्ख बने रहते हैं। मक्खन में पेराएमिनो बेंजाइक एसिड तथा गुलाब की पंखुड़ियों में विटामिन 'बी-5' तथा विटामिन 'ई' पाया जाता है, जो होंठों को चिकना व सुर्ख बनाते हैं।

- मक्खन में उच्च गुणवत्ता की केसर मिलाकर लगाने से होंठ कोमल व गुलाबी बनते हैं। सूखे होंठों पर नियमित रूप से शहद का लेप करने से उनकी खुश्की दूर हो जाती हैं।

होंठों का कालापन

होंठों का कालापन नारी की मोहकता पर ग्रहण लगाता है। होंठों के काले होने के कई कारण हैं। होंठों की उचित देखभाल न करना, घटिया व सस्ती किस्म की लिपस्टिक का इस्तेमाल करना, एलोपैथिक दवाइयों का दुष्प्रभाव (रिएक्शन), धूम्रपान, आनुवंशिकता, संक्रमण, पेट में कृमि होना, हृदय रोग, कुपोषण, सुजाक की शिकायत होना आदि कारणों से होंठ काले व आकर्षणहीन हो जाते हैं। होंठों का कालापन स्त्री सौंदर्य को तो नष्ट करता ही है, साथ ही मन में हीनता की भावना भी उत्पन्न कर देता है।

इन बातों पर ध्यान दें

✦ होंठों पर हमेशा लिपस्टिक लगाकर न रखें, क्योंकि होंठों पर हमेशा लिपस्टिक लगाकर रखने से होंठों की त्वचा को पर्याप्त मात्रा में शुद्ध हवा व प्रकाश नहीं मिल पाता है। जिसकी वजह से होंठ काले व आकर्षणहीन होने लगते हैं।

✦ हमेशा अच्छी प्रतिष्ठित कंपनी की लिपस्टिक का ही इस्तेमाल करें। घटिया व सस्ती लिपस्टिक के इस्तेमाल से होंठ काले होने लगते हैं।

✦ काफी पुरानी लिपस्टिक होंठों पर लगाने से होंठ काले हो जाते हैं। इसलिए एक साथ ढेर सारी लिपस्टिक खरीदकर जमा न करें। खरीदी गई लिपस्टिक का प्रयोग तीन-चार माह से अधिक न करें। इसके बाद इन लिपस्टिकों को नष्ट कर दें।

✦ मौसम का प्रभाव भी होंठों पर पड़ता है। बर्फीली व गर्म हवाएं तथा तेज धूप होंठों को काला कर देती हैं। ऐसे मौसम में होंठों का विशेष

ध्यान रखना चाहिए। होंठों को बर्फीली हवाओं से बचाने के लिए होंठों पर मक्खन या मलाई लगाएं तथा होंठों को मफलर या दुपट्टे से ढककर रखें। तेज धूप में निकलने पर छाते का प्रयोग करें। साड़ी के आंचल या दुपट्टे से होंठों को अच्छी तरह ढककर रखें, ताकि गरम हवा का प्रभाव होंठों पर न पड़े। गर्मी के दिनों में होंठों को दिनभर में तीन-चार बार ठंडे पानी से तर करें।

- धूम्रपान से होंठों की नैसर्गिक सुंदरता नष्ट हो जाती है। होंठ काले, भद्दे व आकर्षणहीन हो जाते हैं। नियमित धूम्रपान से होंठों के साथ-साथ दांतों व उंगलियों का सौंदर्य भी नष्ट हो जाता है। इसलिए धूम्रपान न करना ही उचित है।
- अधिक गोरी स्त्रियां हल्के स्वाभाविक रंग जैसे गुलाबी, प्याजी आदि रंगों की लिपिस्टक इस्तेमाल करें। सांवली लड़कियों को लाल, रानी आदि चटख रंगों की लिपिस्टिक नहीं लगानी चाहिए। ऐसी महिलाएं चाकलेटी, भूरी या कॉफी कलर की लिपिस्टिक काम में लें।
- भारत सरकार के सौंदर्य प्रसाधन एवम् औषधि अधिनियम 1962 में वर्णित मानकों के अनुसार तैयार की गई लिपिस्टिक का ही प्रयोग करें।
- खाते समय होठों का संचालन ठीक प्रकार करें। हर वक्त मुंह चलाते रहने से चेहरे की मांस पेशियां शिथिल हो जाती हैं, जिससे आंखों और अधरों पर थकावट झलकने लगती है।
- चेहरे को सदैव तनावमुक्त रखें क्योंकि सहज रक्त संचार से ही अधरों की लालिमा स्थिर रहती है।
- लिपिस्टिक लगाने के बाद बिल्कुल हल्के हाथ से होंठ पर जरा-सी क्रीम लगा लें। इससे होंठों की चमक बढ़ जाएगी।
- बिना चिकित्सक के परामर्श के कोई औषधि, खासतौर पर एलोपैथिक औषधि न लें, क्योंकि कई बार एलोपैथिक दवाओं के साइडइफ्टेक्ट्स से भी होंठों में कालापन आ जाता है।

- हमेशा होंठों को कुतरते रहने से भी होंठो पर कालिमा छा जाने की आशंका रहती है।

होंठों का कालापन दूर करने के उपाय

- किसी कारणवश होंठ काले हो गए हैं, तो कच्चे दूध में रुई के फाहे को भिगोकर हाथों से कोमलतापूर्वक होंठों पर रोजाना तीन-चार बार लगाएं। कुछ सप्ताह तक नियमित यह उपाय करें। कच्चा दूध होंठों की त्वचा को ब्लीच करके कालेपन को दूर करता है।

- एक चम्मच मलाई, दो-तीन बूंद नीबू का रस, दो-तीन बूंद शहद, सबको मिलाकर रात को सोते समय होंठों पर लगाएं। कुछ सप्ताह तक यह उपाय करने से धीरे-धीरे होंठों का कालापन दूर हो जाता है। मलाई, नीबू तथा शहद में अनेक प्रकार के तत्त्व पाए जाते हैं, जो होंठों के कालेपन को दूर कर देते हैं।

- गुलाब की ताजी पंखुड़ियों को नियमित रूप से होंठों पर मलने से होंठों का कालापन दूर हो जाता है। होंठ मुलायम भी बनते हैं। गुलाब की पंखुड़ियों में कैल्शियम फास्फोरस, आयरन, विटामिन 'ई' आदि पाए जाते हैं, जो त्वचा के कालेपन को दूर कर देते हैं।

- दूध में केसर मिलाकर होंठों पर लगाने से होंठों का कालापन दूर हो जाता है।

    विशेष: किसी कारणवश होंठ काले हो जाने पर मन में हीन-भावना नहीं पाल लेनी चाहिए, बल्कि बड़े धैर्य के साथ होंठों के कालेपन को दूर करने के उपाय करने चाहिए। वैसे तो किसी भी प्रकार के उपाय से होंठों का कालापन दूर करके प्राकृतिक सुंदरता लाना संभव नहीं है, परंतु कुछ सीमा तक लाभ अवश्य मिल सकता है। ऐसे में उचित मेकअप कर होंठों के कालेपन को छिपाया जा सकता है। इसके लिए होंठों पर डार्क शेड वाली लिपस्टिक लगाएं, इससे होंठों का कालापन छिप जाएगा।

दांतों का सौंदर्य

दांतों का संबंध केवल स्वास्थ्य से ही नहीं, सौंदर्य व व्यक्तित्व से भी जुड़ा हुआ है। चेहरे की सुंदरता को बढ़ाने में जितना योगदान होंठों का होता है, उससे कहीं अधिक योगदान दांतों का होता है। अपनी मुस्कराहट की छाप छोड़ने के लिए साफ, चमकदार मोती जैसे दांतों का होना जरूरी है। पीले, बदरंग, काले, कीड़े लगे दांत, आपके खूबसूरत व्यक्तित्व पर धब्बे के समान होते हैं। दर्दयुक्त, अस्वस्थ दांतों से आहार ठीक से चबाया नहीं जा सकता है, जिसकी वजह से दांतों का काम आंतों को करना पड़ता है। इससे पाचन शक्ति नष्ट होने लगती है। अस्वस्थ दांत मुंह में दुर्गंध भी पैदा करते हैं। वैज्ञानिक अनुसंधानों से यह तथ्य सामने आया है कि मनुष्य के दांतों की मजबूती का सीधा सम्बन्ध उसके भोजन से होता है। आदि मानव के दांत काफी मजबूत होते थे, क्योंकि वह खाद्य पदार्थ के रूप में कठोर व कड़ी वस्तुओं का उपयोग करता था। आधुनिक आदमी के भोजन का स्वरूप मुलायम होने के साथ ही 'स्टार्च' से परिपूर्ण हो गया है। जो दांतों में 'केविटी' उत्पन्न होने का मुख्य कारण है।

इन बातों का ध्यान रखें

✦ दांतों की सफाई पर समुचित ध्यान दें। इससे दांत जीवन पर्यन्त साथ देंगे, साथ ही आपके सौंदर्य को बढ़ाने में भी सहयोग देंगे।

- दांतों की सफाई के लिए नियमित रूप से दो वक्त भली-भांति ब्रुश करें। दांतों को इस तरह से साफ करें कि दांतों में फंसे हुए अन्न-कण निकल जाएं।
- ब्रुश करने के बाद साफ पानी से अच्छी तरह कुल्ला करें। कुल्ला करते समय अपनी उंगली से मसूढ़ों की मालिश करें, इससे रक्त संचार तेज होगा और मसूढ़े सुंदर व दांत मजबूत होंगे।
- अधिक गरम व अधिक ठंडे पदार्थ दांतों को नुकसान पहुंचाते हैं अतः अधिक गरम व अधिक ठंडे पदार्थों का प्रयोग न करें।
- गरम पेय पदार्थ के तुरंत पश्चात् ठंडा पानी पीने से दांत हिलने लगते हैं। इसलिए गरम पेय पदार्थ पीने के तुरंत बाद ठंडा न पिएं।
- मीठी वस्तुएं, चॉकलेट, टॉफी, कोल्ड ड्रिंक, आइस्क्रीम, बिस्कुट, जैम, केक, चिप्स आदि को अधिक इस्तेमाल न करें। यह सब चीजें दांतों को हानि पहुंचाती हैं। ऐसे पदार्थों का इस्तेमाल करने के बाद पानी से कुल्ला अवश्य कर लें।
- दांतों को औजार के रूप में इस्तेमाल न करें। जैसे दांत से खींचकर कोई चीज निकालना, धागा तोड़ना, वायर छीलना आदि।
- दांतों को पिन, सुई, तीली आदि से न कुरेदें। इससे मसूढ़ों में घाव हो जाता है, साथ ही सेप्टिक होने का भय रहता है।
- धूम्रपान, मद्यपान, पान, तंबाकू, गुटखा आदि के इस्तेमाल से भी दांतों का सौंदर्य नष्ट हो जाता है। ऐसी चीजों के इस्तेमाल से बचें।
- दूसरों के इस्तेमाल किए जाने वाले टूथब्रश का इस्तेमाल न करें। इससे दांतों में किसी प्रकार का संक्रमण हो सकता है।
- भोजन करने के बाद गाजर, मूली, ककड़ी, खीरा, अमरूद, सेब आदि खाने से दांत साफ होते हैं तथा दांत सुंदर व मजबूत भी होते हैं।
- एक वर्ष में दो बार दांतों का चिकित्सकीय परीक्षण अवश्य करवाना चाहिए, ताकि किसी भी प्रकार के रोग संक्रमण का समय पर पता लग सके।

- दंत-मंजन अच्छा, नर्म तथा उच्च गुणवत्ता का हो, घटिया व खुरदरे दंत-मंजन आपके दांतों को घातक नुकसान पहुंचा सकते हैं।
- पेयजल के रूप में फ्लोराइडयुक्त पानी का उपयोग करें। इसमें एनेमल तत्त्व होते हैं, जो दांतो पर अम्ल के प्रभाव को कम करते हैं तथा दांतो को मजबूती प्रदान करते हैं।
- गर्भावस्था के दौरान पूर्ण तथा संतुलित आहार नहीं लेने का सीधा असर गर्भस्थ शिशु के दांतो पर पड़ता है।

दांतों के सौंदर्य के लिए उपाय

- आधा नीबू लेकर दांतों और मसूढ़ों पर रगड़ें। इससे दांत साफ होंगे, मसूढ़े भी सुंदर बनेंगे। नीबू में पाए जाने वाले तत्त्व दांतों व मसूढ़ों के लिए काफी लाभदायक होते हैं।
- आधा चम्मच नमक में तीन-चार बूंद सरसों का तेल मिलाकर दांतों पर हलके हाथों से रगड़ें। इससे दांतों का पीलापन दूर हो जाता है। नमक में पाए जाने वाले तत्त्व ब्लीच करके, दांतों पर जमने वाले टार्टर को साफ कर देते हैं, जिससे दांत साफ होकर चमचमा उठते हैं। इस बात का ध्यान रखें कि इसे दांतों पर तेजी से न रगड़ें।
- दांतों पर हलके धब्बे दिखाई पड़ने पर स्ट्राबेरी के टुकड़े दांतों पर मलें। स्ट्राबेरी में पाए जाने वाले तत्त्व दांतों को ब्लीच कर धब्बों को दूर कर देते हैं।
- जामुन की पत्तियों के एक चम्मच पेस्ट में चुटकी भर सेंधानमक मिलाकर दांतों पर रगड़ने से दांत मोती जैसे चमकने लगते हैं। जामुन के पत्तों में अनेक प्रकार के तत्त्व पाए जाते हैं, जिससे दांत मोती जैसे चमकने लगते हैं।
- नीम की दातुन से दांतों को साफ करने से दांत सुंदर, मजबूत व स्वस्थ रहते हैं। नीम दांतों और मसूढ़ों को सुंदर व मजबूत बनाता है। इसमें पाए जाने वाले तत्त्व दांतों को स्वस्थ रखते हैं।
- गुलाब की दातुन से दांत साफ करने से दांत सुंदर, मजबूत व चमकीले बनते हैं।

- दांत हिलने पर तथा दांतों से खून आने पर बबूल की दातुन से दांतों को साफ करें। बबूल में पाए जाने वाले तत्त्व दांतों के प्लग को कस देते हैं तथा मसूढ़ों से खून आने की समस्या को भी दूर करते हैं।
- मसूड़ो से खून गिरने पर आम के ताजा पत्तों को खूब चबाएं तथा थूकते जाएं, इससे मसूड़ो का रक्तस्त्राव तो बंद होगा ही साथ ही, दांत भी मजबूत होंगे।
- यदि पानी पीने पर दांतों में टीस लगती हो तो मांजूफल के मंजन से दांतो पर मालिश करें।
- कपूर, सत अजवाईन तथा सत पुदिना तीनों को बराबर मात्र में एक शीशी में भर लें। कुछ देर में यह द्रव रूप में आ जाएगा। इसकी एक दो बूंद लगाने से दांत दर्द दूर हो जाता है।
- पायरिया के उपचार हेतु नियमित रूप से फलाहार पर रहना भी एक सार्थक उपाय हैं, फलाहार के रूप में संतरा, नींबू, मौसमी, गाजर आदि के ज्यूस का सेवन करें। नीम की हरी पत्तियों को पानी में पीसकर दिन में कई बार उससे गरारे करें।

सांस की दुर्गंध

सांस की दुर्गंध एक परेशानी दायक व आम समस्या है। सांसों में दुर्गंध होने पर लोगों से मिलने व बातचीत करने में काफी परेशानी का सामना करना पड़ता है। सांस की दुर्गंध से सौंदर्य व व्यक्तित्व भी प्रभावित होता है। सांस की दुर्गंध दूर करने के लिए लोग पान, सुगंधित सुपारी, पान-मसाला आदि का इस्तेमाल करने लगते हैं। इससे कुछ हद तक तो सांस की दुर्गंध की समस्या दूर हो जाती है, लेकिन यह कोई स्थायी समाधान नहीं है। सांस की दुर्गंध आदमी के स्वास्थ्य के साथ उसके व्यक्तित्त्व को भी प्रभावित करती है। सांस की बदबू से ग्रस्त व्यक्ति के पास आने से लोग कतराने लगते हैं, जिससे हीन भावना आ सकती है। यह जन्मजात रोग नहीं है बल्कि बाद में अनेक कारणों से उत्पन्न होता है।

सांस की दुर्गंध उत्पन्न होने के कारण

दांतों की नियमित व सही सफाई न होने से दांतों में फंसे अन्न-कण सांस में दुर्गंध उत्पन्न करते हैं। इनके अलावा मुंह में छाले, जीभ पर मैल जमना, पायरिया, पीनस रोग, सर्दी-जुकाम बने रहना, नाक का संक्रमण, शरीर में रक्त की कमी, विटामिनों की कमी, लंबे समय तक बीमार रहना, पुरानी खांसी, पेट की बीमारी, कब्ज, रात्रि-जागरण, सुबह देर से उठना, धूम्रपान, शराब का सेवन आदि कारणों से सांसों में दुर्गंध उत्पन्न होती है। एलोपैथी की कुछ दवाइयां एंटीहिस्टामिन डिकोंजेस्टेंट तथा डाइयूरेटिक्स आदि के सेवन से भी सांसों में या गर्भावस्था में हार्मोन परिवर्तन की वजह से भी कुछ महिलाओं की सांसों में दुर्गंध आती है। पाचन तंत्र की निष्क्रियता अथवा शिथिलता, छाती में पुराना कफ जमा होना, सीने

या गले पर कोई फोड़ा होना आदि कारण भी सांसो की दुर्गंध के लिए उत्तरदायी हैं।

सांसों की दुर्गंध का पता कैसे चले?

सांस की दुर्गंध की समस्या उत्पन्न होने पर स्वयं को पता नहीं चल पाता है। इसके बारे में कोई खास साथी ही बता पाता है, या स्वयं इसकी जांच करनी होती है। इसे जांचने के लिए मुंह के सामने दोनों हथेलियों को कप की आकृति के समान कर लें। अब गहरी सांस छोड़ें। फिर उसे सूंघें। अगर आपको दुर्गंध महसूस हो, तो समझ जाएं कि सामने वाले को भी ऐसा ही महसूस होता होगा।

इन बातों पर ध्यान दें

- दांतों की नियमित व सही सफाई करें। जीभ की भी ठीक तरह से सफाई करें।

- देर रात तक जागरण न करें। सुबह जल्दी उठें।

- पान, तंबाकू, सिगरेट, शराब आदि का सेवन न करें। इनसे सांसों में दुर्गंध उत्पन्न तो होती ही है, इनके नियमित इस्तेमाल से मुख संबंधी व अन्य शारीरिक रोग भी उत्पन्न हो जाते हैं।

- दूसरों के रूमाल, टूथ-ब्रश, लिपस्टिक, लिपस्टिक संबंधी ब्रश आदि का इस्तेमाल न करें। इससे मुंह में किसी प्रकार का संक्रमण होकर सांसों में दुर्गंध उत्पन्न हो सकती है।

- भूखे न रहें। भूखे रहने से मुंह में लार बनने की प्रक्रिया धीमी पड़ जाती है, जिससे मुंह में दुर्गंध उत्पन्न होने लगती है।

- शरीर से अधिक पसीना निकलने से भी सांसों से दुर्गंध आती है। इसलिए रोजाना अच्छी तरह स्नान करें, ताकि शारीरिक दुर्गंधता के साथ सांसों की दुर्गंध से बचे रहें।

- पेट की सफाई का खास ध्यान रखें। कब्ज न रहने दें।

- अधिक मात्रा में मीठे तथा ठंडे पेय पदार्थों से परहेज करें। आईसक्रीम, च्यूइंगम, चाकलेट जैसे खाद्य पदार्थ दांतो से चिपककर बाद में सांस में बदबू पैदा करते हैं।

सांसों की दुर्गंध दूर करने के उपाय

- 10-12 नीम के पत्तों को एक गिलास पानी में भली-भांति उबालकर छान लें। ठंडा होने पर इससे गरारे करें। नीम जलन व दर्द को शांत करता है, तथा रोगाणु रोधक है। इसके नियमित प्रयोग से मुख की आंतरिक शुद्धि होती है और सांसों की दुर्गंध दूर होती है।

- आधा नीबू लें। इसे हलके हाथों से दांतों व मसूढ़ों पर रगड़ें। नीबू में पाए जाने वाला विटामिन-'सी' मुख के आंतरिक ऊतकों को संकुचित कर, उनसे विषैले पदार्थ निकालकर दांतों व मसूढ़ों को दृढ़ बनाता है। नीबू एक अच्छा मॉउथवाशनर भी है।

- गुनगुने पानी में नमक मिलाकर गरारे करें। नमक में पाए जाने वाले तत्त्व मृत कोशिकाओं को निकालकर सांसों की दुर्गंध को दूर करते हैं।

- एक गिलास गरम पानी में तुलसी के 20-25 पत्ते डालकर ढक दें। पानी ठंडा होने पर इस पानी से गरारे करें। तुलसी के पत्तों में पाए जाने वाले तत्त्व, मुख के अंदर उत्पन्न होने वाले कीटाणुओं को खत्म करके सांस की दुर्गंध को दूर करते हैं। यह प्रयोग नियमित कर सकते हैं। यह एक अच्छा मॉउथवाशनर है।

- एक गिलास ठंडे पानी में दो बूंद लौंग का तेल डालकर मॉउथवाश करें। लौंग का तेल एंटी-बॉयटिक का काम करता है तथा इसमें पाए जाने वाले यूनीनाल तथा फेनाल एसीटोल मॉउथवाश का काम करते हैं, जिससे सांस की दुर्गंध दूर होती है।

- एक गिलास ठंडे पानी में दो चम्मच गुलाबजल एंटी बॉयटिक तथा एंटी सेप्टिक जैसा प्रभाव डालती है। इसकी प्राकृतिक सुगंध सांसों में ताजगी देती है।

- अनार के छिलकों का चूर्ण बनाकर सुबह शाम आधा-आधा चम्मच पानी के साथ लें। इसके अतिरिक्त, अनार के छिलके को पानी में अच्छी तरह उबाल कर उस पानी से गरारे करें।
- भुना हुआ जीरा चबाने से भी मुंह की बदबू दूर होती है।
- हरा धनिया अथवा सूखा धनिया चबाने से भी लाभ होता है। इसी प्रकार मुलैठी व छोटी इलायची का उपयोग भी सांसों की दुर्गंध को दूर करता है।
- तुलसी के पत्ते अथवा जामुन के हरे पत्तों को मुंह में दबाकर पान की तरह चबाने से भी सांसें शुद्ध होती हैं।
- एक गिलास गुनगुने पानी में पांच मिलीग्राम अदरक का रस तथा इतनी ही मात्रा में नींबू का रस मिलाकर गरारे करने से भी मुंह की बदबू दूर होती है।

बालों का झड़ना

सुंदर व आकर्षक व्यक्तित्व के लिए स्वस्थ व सुंदर शरीर के साथ-साथ बालों का सुंदर होना भी जरूरी है। बालों का संबंध यौनाकर्षण से भी है। पुरुष सुंदर, काले, घने व लंबे बालों वाली स्त्री को अधिक पसंद करते हैं। इसलिए स्त्री को अपने बालों के प्रति विशेष ध्यान देना चाहिए। बालों के प्रति लापरवाह होने से बालों का आकर्षण खत्म हो जाता है और बाल गिरने लगते हैं। बालों का उगना और गिरना प्राकृतिक क्रिया है। प्रतिदिन गिरने वाले बालों के स्थान पर नए बाल निकलते रहते हैं। रोजाना 20-30 बाल गिरना स्वाभाविक है। यदि इनसे अधिक बाल 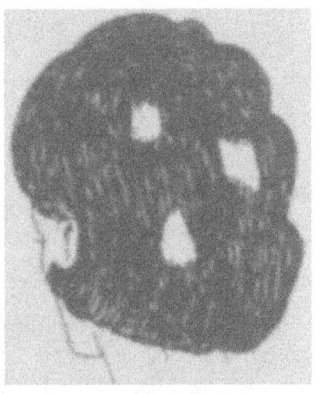 गिर रहे हैं, तो बालों की सुरक्षा के प्रति विशेष ध्यान देना जरूरी है। सुन्दर और आकर्षक बाल प्रत्येक स्त्री का सपना होते हैं। आजकल बालों का झड़ना एक आम समस्या है, जिससे लगभग प्रत्येक व्यक्ति ग्रसित है। बालों को झड़ने से रोकने के लिए कई सारे सरल नुस्खे हैं।

बालों के गिरने के कारण

अस्वच्छता, आनुवंशिकता, डेंड्रफ, कुपोषण, डायटिंग, मानसिक तनाव, लंबी बीमारी, हारमोंस का असंतुलन, तेज शैम्पू, घटिया साबुन, डाई का इस्तेमाल, वातावरण, गलत प्रक्रिया, अनियमित दिनचर्या, बालों की जड़ों में फंगस या बैक्टीरिया का संक्रमण, अनिद्रा, नींद की गोलियों का सेवन करना, बालों में तेल न लगाना या तेज खुशबूदार तेल का इस्तेमाल करना, अधिक दिनों तक गर्भ-निरोधक गोलियों का सेवन करना, रजोनिवृत्ति

आदि कारणों से बाल गिरने लगते हैं। गर्भावस्था में शरीर में प्रोजेस्टेटान नामक हार्मोन की वृद्धि हो जाने से इसका सीधा प्रभाव बालों पर पड़ता है, इसकी वजह से भी किसी-किसी महिला के बाल गिरने लगते हैं।

- सिर पर चोट लगने या बालो में ज्यादा कास्मेटिक्स जैसे हेयर स्प्रे हेयर सेटिंग क्रीम आदि का आधिक इस्तेमाल करने से बाल गिरने लगते हैं।
- बालों को अधिक कसकर बांधना व तेल न लगाना भी बालों के झड़ने का कारण हो सकता है।

इन बातों को ध्यान रखें

- बाल गिर रहे हैं, तो बालों में ब्लीच, गर्म, डाई, सेटिंग आदि न करवाएं। बालों को सुखाने के लिए हेयर ड्रायर का इस्तेमाल न करें।
- दिन भर में कई बार कंघी करें। कंघी करने से सिर की त्वचा में रक्त संचार बढ़ता है, जिससे बालों को पोषकता मिलती है और बाल मजबूत होते हैं।
- बालों को धोने के लिए ठंडे पानी का प्रयोग करें। अधिक गरम पानी, बालों की जड़ों को नुकसान पहुंचाता है।
- नहाने के बाद बालों को कपड़े से जोर-जोर से रगड़कर न सुखाएं। मुलायम रोएंदार टावेल को हलके हाथों से बालों पर फेरकर बालों को सुखाएं।
- तेज धूप में खड़े होकर बालों को न सुखाएं। तेज धूप बालों की प्राकृतिक प्रक्रिया को हानि पहुंचाती है, जिससे बालों की जड़ें कमजोर हो जाती हैं और बाल गिरने लगते हैं। बालों को स्वाभाविक रूप से सूखने दें।
- गीले बालों में कंघी न करें, इससे बाल अधिक गिरने लगते हैं। बालों को संवारने के लिए गोल मुंह वाले, चौड़े दांतों वाले कंघे या ब्रुश का इस्तेमाल करें।
- बालों की नियमित मालिश करें। बालों की मालिश के लिए अपनी उंगलियों से बालों की जड़ों की मालिश करें। सिर को थपथपाएं तथा

अपनी ऊंगलियों में बालों को फंसाकर खींचें। ऐसा करने से सिर की त्वचा में रक्त संचार तेजी से होने लगेगा, जिससे बालों को पोषकता व मजबूती मिलेगी।

✦ बालों की सुरक्षा के लिए पौष्टिक आहार का सेवन करें। अपने आहार में हरी सब्जी, ताजे फल, सूखे मेवे, दूध, पनीर, अंकुरित अन्न, विटामिन 'ए', 'बी-काम्पलेक्स', 'सी', 'डी', प्रोटीन, आयरन आदि से भरपूर खाद्य पदार्थों को शामिल करें।

✦ इस बात का खास ख्याल रखें कि आपके सिर में डेन्ड्रफ न हो।

✦ तनावमुक्त रहें हमेशा हंसते मुस्कराते रहे और पौष्टिक आहार लें।

बालों की सिंकाई

✦ सप्ताह में एक बार गरम-ठंडे पानी से बालों की सिंकाई करें। इसके लिए पहले गर्म पानी में टॉवेल को भिगोकर अच्छी तरह से निचोड़ लें और इसे सिर पर अच्छी तरह से लपेट लें। इसे सिर पर दो मिनट तक रखें। इसके बाद टॉवेल को ठंडे पानी में डुबोकर निचोड़ लें और इसे सिर पर दो मिनट तक लपेटकर रखें। यह क्रिया पांच से दस बार करें। इससे बालों को मजबूती मिलती है और बालों का झड़ना बंद होता है।

इन्हें आजमाएं

✦ दो चम्मच निंबोली (नीम के बीज) का पेस्ट लेकर बालों की जड़ों में अच्छी प्रकार से लगाएं। एक घंटे बाद बालों को अच्छी तरह से धो लें। निंबोली में पाए जाने वाले तत्त्व निंबिन, निंबिडिन, निंबो-स्टेरोल (उड़नशील तेल) आदि सिर की त्वचा पर जमी मृत कोशिकाओं को अच्छी तरह से साफ कर देते हैं, जिससे बालों को पर्याप्त मात्रा में ऑक्सीजन मिलने लगती है। निंबोली के तत्त्व सिर की त्वचा पर प्रभाव डालकर रक्त संचार भी तेजी से करते हैं, जिससे बालों को पोषण मिलता है। बाल सुंदर व मजबूत होते हैं और बालों का गिरना भी बंद होता है।

- बाल अधिक गिरने पर पंद्रह दिन में एक बार एक अंडे की जर्दी (पीला वाला हिस्सा) को 5-6 चम्मच पानी में डालकर भली-भांति फेंट लें। इसे हलके हाथों से बालों की जड़ों में अच्छी तरह से लगाएं व उंगलियों के पोर से हलकी-हलकी मालिश करें। पंद्रह मिनट बाद बालों को ठंडे पानी से धो लें। अंडे में विटामिन 'ए', 'बी', फास्फोरस, ऑयरन, कैल्शियम, प्रोटीन, सेलेनियम आदि तत्त्व काफी मात्रा में पाए जाते हैं, जो बालों को पोषण प्रदान करते हैं। ये तत्त्व बालों को झड़ने से रोकते हैं तथा उन्हें सुंदर व मुलायम भी बनाते हैं।

- आधा कप गाजर का रस बालों की जड़ों में अच्छी तरह से लगाएं। आधे घंटे बाद बालों को धो लें। गाजर में कैल्शियम, फास्फोरस, विटामिन 'ए' आदि तत्त्व काफी मात्रा में पाए जाते हैं, जो बालों को पोषण देते हैं। गाजर में पाए जाने वाला बीटा कैरेटोन बालों को मजबूती प्रदान करता है, जिससे बाल गिरने बंद हो जाते हैं। यह प्रयोग नियमित करने से निश्चित लाभ दिखाई देता है।

- हरे धनिये के पत्तों का रस चार चम्मच लें। इसे बालों की जड़ों में हलके हाथों से लगाएं। एक घंटे बाद बालों को धो लें। हरे धनिये में काफी मात्रा में कैल्शियम, फास्फोरस, आयरन, विटामिन 'ए', 'बी', 'सी' आदि तत्त्व मिलते हैं, जो बालों की जड़ों को पोषण देकर बालों को मजबूती प्रदान करते हैं, जिससे बालों का गिरना बंद हो जाता है।

- एक पाव चौलाई के पत्तों को दो लीटर पानी में अच्छी तरह से उबाल लें। इसे छानकर ठंडा कर लें। इस पानी से बालों को भली-भांति साफ करें। चौलाई में काफी मात्रा में कैल्शियम, फास्फोरस, विटामिन 'ए', 'बी', 'सी' आदि तत्त्व पाए जाते हैं, जो बालों को सही पोषण देते हैं। सप्ताह में एक बार यह प्रयोग करने से बालों का गिरना बंद हो सकता है।

- सौ ग्राम आलू, सौ ग्राम फूल गोभी, सौ ग्राम शलगम, तीनों को तीन लीटर पानी में उबाल लें। इस पानी को ठंडा होने पर, छानकर बालों की जड़ों में लगाएं। आलू में काफी मात्रा में ऑयरन, कैल्शियम,

फास्फोरस, आयोडिन आदि तत्त्व तथा शलगम में काफी मात्रा में प्रोटीन कैल्शियम, फास्फोरस, ऑयरन, विटामिन, 'ए', 'बी', 'सी' आदि तत्त्व पाए जाते हैं, जो बालों को पोषण देकर उन्हें मजबूती प्रदान करते हैं, जिससे बालों का झड़ना बंद हो जाता है।

✦ एक पाव बथुआ, तीन लीटर पानी में अच्छी प्रकार से उबाल लें। पानी ठंडा होने पर बथुए को मसलकर छान लें। इस पानी को बालों की जड़ों में लगाएं। बथुए में काफी मात्रा में कैल्शियम, फास्फोरस, आयरन, विटामिन 'ए', 'बी', 'सी' आदि तत्त्व पाए जाते हैं, जो बालों को सही पोषण देकर उन्हें मजबूत बनाते हैं, बालों का गिरना रोकते हैं। इस पानी से बालों को धोने से बाल सुंदर, काले व चमकदार बनते हैं।

✦ रात को कड़ाई में दो बड़े चम्मच आंवले का चूर्ण पानी में भिगो दें। सुबह उसे मसलकर पानी छान लें। इसमें नीबू का रस मिला लें। इस पानी से बोलो को धोएं। बालों का झड़ना एक महीने के अन्दर बंद हो जाएगा।

✦ बरगद की जड़ को पानी में उबाल लें और उस पानी से सिर धोएं।

✦ एक बड़ा चम्मच दाना मेथी को एक कटोरी पानी में रात को भिगो दें। सुबह इसमें एक छोटा चम्मच गुड़ मिलाकर पीस लें। इस लेप को सिर पर एक घंटा लगाए रखे और फिर सिर धो लें।

बालों का सफेद होना

बालों का सफेद होना, बालों की विभिन्न समस्याओं में से एक है। बढ़ती उम्र के साथ बालों का सफेद होना स्वाभाविक है। लेकिन यदि कम उम्र में बाल सफेद होने लगें, तो पूरे व्यक्तित्व का आकर्षण खत्म हो जाता है। बालों की जड़ों में पाई जाने वाली सेबेक्वस ग्रंथियो मे सैबम नाम का तैलीय तत्त्व निकलता है, जिससे बालों का रंग निर्धारित होता है। यही तत्त्व बालों को पोषण भी प्रदान भी करता है। सेबेक्वस ग्रंथियों की सक्रियता कम हो जाने से बाल सफेद होने लगते हैं।

बालों के असमय सफेद होने के कारण

बालों में तेल न लगाना, घटिया साबुन या शैम्पू का इस्तेमाल करना, कुपोषण, अनीमिया, शरीर में आयरन, आयोडीन, विटामिन आदि की कमी होना, हमेशा बीमार रहना, नियमित रूप से दवाओं का इस्तेमाल करना, अधिक चिंता करना, मानसिक तनाव, निराशा, अति मैथुन, बालों में डैंड्रफ होना आदि कारणों से असमय ही बाल सफेद होने लगते हैं। अकस्मात दुर्घटना या अचानक कोई शोक-संदेश मिलने पर भी बाल सफेद होते देखे गए हैं।

बालों को सफेद होने से बचाने के लिए नियमित दिनचर्या, बालों की उचित सफाई, संतुलित आहार, व्यायाम, अच्छी नींद की आवश्यकता होती है। बालों को काला बनाए रखने के लिए शरीर में प्रोटीन, विटामिन 'ए', 'बी-काम्पलेक्स', 'सी', 'डी', 'ई', कैल्शियम, आयोडीन, फास्फोरस, ऑयरन, कॉपर आदि तत्त्वों की पूरी मात्रा की आवश्यकता होती है। शरीर को उक्त सभी तत्त्व मिलते रहें, इसके लिए अपने आहार में दूध, मक्खन,

पनीर, चुकंदर, गाजर, मूली, टमाटर, मटर, सोयाबीन, राजमा, चना, पालक, चौलाई, नीबू, आंवला, खजूर, अंगूर, सेब, संतरा, मौसमी, हरी सब्जी, ताजे फल, अंकुरित खाद्यान्न, चोकर वाला आटा, बिना पालिश किया हुआ चावल आदि शामिल करें।

✦ अधिक समय तक जुकाम रहना।

✦ थाईराईड ग्रंथि का स्त्रव।

✦ पौष्टिक आहार न लेना।

✦ अधिक मात्रा में फास्ट फूड खाना।

बालों को सफेद होने से बचाने के लिए अधिक समय जुकाम न रहने दें व तुरन्त उपचार करायें, फास्ट फूड व कोल्ड ड्रिंक के अधिक प्रयोग से बचें तथा अधिक कैमिकल युक्त शैम्पू के प्रयोग से बचें।

इन बातों का ध्यान रखें

✦ एक-दो बाल सफेद होने पर उन बालों को तोड़ें नहीं। ऐसा करने से बाल अधिक सफेद होने लगते हैं।

✦ थोड़े बाल सफेद होने पर डाई न करवाएं। इससे काले बालों पर भी प्रभाव पड़ता है। बाल और ज्यादा तेजी से सफेद होने लगते हैं।

✦ बालों को धोने के लिए साबुन या शैम्पू की अपेक्षा प्राकृतिक सामग्री रीठा, शिकाकाई, बेसन, आंवला, दही आदि का इस्तेमाल करें।

✦ अत्यधिक मीठी चीजें, तेल, मसालेदार भोजन, शराब व नशीली वस्तुओं का सेवन न करें।

✦ बालों को सुखाने के लिए ड्रायर का इस्तेमाल न करें। बालों पर स्प्रे भी न करें।

✦ अधिक चिंता, मानसिक तनाव, रात्रि-जागरण, अति मैथुन से बचें।

✦ तेज खुशबूदार साबुन और तेल बालों में न लगाएं। इनसे भी बाल सफेद होने लगते हैं।

- बालों को अधिक गर्म पानी से न धोएं।
- बालों की देखभाल व साफ-सफाई का विशेष ख्याल रखें।
- बालों को नियमित रूप से मालिश करें व भाप दें।
- अपने भोजन में दही को आवश्यक रूप से शामिल करें। दही बालों को काला बनाये रखने में बहुत उपयोगी है।

इन्हें आजमाएं

- आंवले का दो चम्मच चूर्ण, सफेद लिली के दस फूल, ताजे गुड़हल के दो फूल, एक गुच्छा मेहंदी के फूल लें। सभी को अच्छी तरह से पीसकर पेस्ट बना लें। इसे बालों की जड़ों में अच्छी तरह लगाएं। दो घंटे बाद बालों को धो लें। आंवला, सफेद लिली के फूल, गुड़हल तथा मेहंदी के फूल में आयोडीन, ऑयरन, फास्फोरस, कापर, सेलीनियम आदि तत्त्व पर्याप्त मात्रा में पाए जाते हैं, जो बालों को सफेद होने से रोकते हैं तथा बाल सुंदर, काले व चमकदार बनते हैं।

- एक चम्मच मेहंदी पाउडर, एक चम्मच आंवला पाउडर, एक चम्मच रीठा पाउडर, एक चम्मच शिकाकाई पाउडर लेकर सबको मिला लें। लोहे की कड़ाही में दो लीटर पानी लें। इसमें सारे पाउडर को डालकर रातभर के लिए रख दें। सुबह इस पानी से बालों को अच्छी प्रकार से धो लें। इसके बाद सिर पर तौलिया लपेट लें। दो घंटे बाद ठंडे पानी से धो लें। मेहंदी, आंवला, रीठा, शिकाकाई में पाए जाने वाले तत्त्व बालों के लिए काफी लाभदायक होते हैं, जो बालों को सफेद होने से रोकते हैं। यह विधि एक सप्ताह तक नियमित करें। इसके बाद पंद्रह दिन तक रोक दें, फिर एक सप्ताह तक करें। ऐसा तीन माह तक करें। इससे बाल सफेद होना, पूरी तरह से रुक जाता है।

- छह माह तक, सप्ताह में एक बार बालों में मेहंदी लगाने से बालों का सफेद होना रुक जाता है। मेहंदी में पाए जाने वाले तत्त्व गॉलिक एसिड, म्यूजिलेज लासेन, टेनिन बालों को सफेद होने से रोकते हैं।

मेहंदी रक्त शोधक भी होती है तथा बालों की जड़ों को मजबूत भी बनाती है।

- सौ ग्राम आंवला पाउडर, सौ ग्राम रीठा, सौ ग्राम शिकाकाई, सौ ग्राम मुलतानी मिट्टी, पच्चीस ग्राम हरड़ पाउडर, पच्चीस ग्राम बहेड़ा पाउडर को लोहे की कड़ाही में, इतने पानी में भिगोएं कि पेस्ट बन जाए। इसके बाद कड़ाही को धूप में रख दें। बीच-बीच में चम्मच से हिलाते रहें, जिससे पेस्ट सूख जाए। दूसरे दिन पानी डालकर फिर से पेस्ट बना लें। ऐसा कई दिनों तक करने पर पेस्ट काला हो जाएगा। इसे किसी डिब्बे में रख लें। सप्ताह में दो बार बालों में लगाएं। आधे घंटे बाद बालों को ठंडे पानी से धो लें। यह पेस्ट बालों को सफेद होने से रोकता है तथा बालों को सुंदर व काला बनाता है। आंवला, रीठा, शिकाकाई, हरड़, बहेड़ा में बालों को काला करने वाले आवश्यक तत्त्व पाए जाते हैं। मुलतानी मिट्टी में पाए जाने वाले तत्त्व हाइड्रेट सिलिकन तथा आयोडीन बालों को पोषण देते हैं।
- चम्पा की 20-25 पत्तियां, चमेली की 20-25 पत्तियां, जूही की 20-25 पत्तियां लेकर अच्छी प्रकार से पीस लें। इसे एक लीटर तिल के तेल में अच्छी तरह से गर्म कर लें। ठंडा होने पर छान कर शीशी में रख लें। रात्रि में सोते समय बालों में लगाएं। चम्पा, चमेली, जूही की पत्तियों में पाए जाने वाले तत्त्व बालों को सफेद होने से रोकते हैं तथा बालों को सुंदर व काले बनाते हैं।
- एक किलो सरसों का तेल, 100 ग्राम रतनजोत, 100 ग्राम मेंहदी के पत्ते, 100 ग्राम जल भागरा के पत्तो, 100 ग्राम आम की गुठलियां। इन सभी को कूट कर लुगदी बना लें व पानी में भिगों दें। छानकर इसे इतना उबालें कि पानी जल जाऐ। इस तेल का नित्य प्रयोग करने से बाल काले हो जाते है।
- गेंहू के पौधे का रस पीने से सफेद बाल काले होने लगते हैं।
- रात को सोने से पहले एक चम्मच त्रिफला पाउडर पानी के साथ ले लें। इससे भी बालों की जड़ें मजबूत और जड़े काली होती है।

डेंड्रफ

डेंड्रफ अर्थात् रूसी या खुश्की, बालों में होने वाली आम समस्या है। यदि बाल काले व घने हों, किन्तु उनमें डेंड्रफ की समस्या हो, तो बालों का सारा आकर्षण खत्म हो जाता है। डेंड्रफ की वजह से बालों में अनेक प्रकार की समस्याएं जैसे, बालों का पतला होना, बालों का असमय सफेद होना, बालों का झड़ना, बालों की प्राकृतिक चमक नष्ट हो जाना आदि उत्पन्न हो जाती हैं। घनी, काली, सुन्दर रेशमी केश राशि किसी भी महिला के सौंदर्य में चार चांद लगा देती है। केशों के सौंदर्य की सबसे बड़ी दुश्मन है डेंड्रफ। आज डेंड्रफ एक बहुत आम समस्या बन चुकी है। डेंड्रफ से कुछ घरेलू नुस्खों को प्रयोग करके बचा जा सकता है।

बालों में डेंड्रफ होने के कारण

बालों को अच्छी तरह से साफ न करना, बालों में ठीक से कंघी न करना, बालों में तेल न लगाना, कठोर साबुन से बालों को धोना, सूखने के लिए नियमित रूप से हेयर ड्रायर का इस्तेमाल करना, बार-बार पर्मिंग करना आदि कारणों से बालों में डेंड्रफ की समस्या उत्पन्न हो जाती है। दूसरे का कंघा, टॉवेल, तकिया, हेयर बेंड आदि का इस्तेमाल करने से भी डेंड्रफ की समस्या उत्पन्न होना, शरीर में विटामिन 'ए' और 'डी' की कमी होना, मधुमेह से पीड़ित होना, मासिक संबंधी गड़बड़ी, मानसिक तनाव, अधिक दुखी व निराश होना, थकान, कुपोषण, निरंतर पगड़ी या हैट पहने रहना,

बालों को रंगने के लिए रासायनिक खिजाब व रंग का इस्तेमाल करना आदि कारणों से भी डेंड्रफ की समस्या उत्पन्न हो जाती है।

- ✦ बालों में शैम्पू या साबून के तत्त्व धोने से छूट जाना।
- ✦ सिर पर पसीना या मैल जम जाने के कारण भी डेंड्रफ पैदा हो जाती है।
- ✦ बालों को साफ न रखना व रूसी से संक्रमित वस्तुओं जैसे कंघा, ब्रश आदि का प्रयोग करने से भी रूसी तेजी से फैलती है।

इन बातों पर ध्यान दें

- ✦ बालों की समस्या पर विशेष ध्यान दें। बालों की सफाई न होने के कारण बालों की जड़ों में जमी पपड़ी की वजह से बालों को पर्याप्त मात्रा में ऑक्सीजन तथा उचित पोषण नहीं मिल पाता है, जिसकी वजह से बाल अनाकर्षक हो जाते हैं और बालों का झड़ना, बाल सफेद होना, डेंड्रफ आदि कई समस्याएं उत्पन्न हो जाती हैं।
- ✦ कठोर साबुन, घटिया शैम्पू आदि का इस्तेमाल न करें।
- ✦ बालों में अधिक डाई, ब्लीचिंग या पर्म न कराएं।
- ✦ किसी दूसरे व्यक्ति का कंघा, टॉवेल, तकिया, हेयर बेंड आदि का इस्तेमाल न करें। इससे डेंड्रफ का इंफेक्शन एक-दूसरे में फैल जाता है।
- ✦ मानसिक तनाव से बचें, चिंता मुक्त रहें।
- ✦ देर रात तक जागरण न करें। सुबह जल्दी उठें।
- ✦ भरपूर नींद लें। नींद में कटौती न करें।
- ✦ चाय, कॉफी, कोल्ड ड्रिंक, शराब, धूम्रपान आदि का इस्तेमाल न करें।
- ✦ तेल, मसालेदार चीजें, मैदा की बनी चीजें, खट्टी चीजों का अधिक सेवन न करें।
- ✦ दिन-भर में आठ-दस गिलास पानी अवश्य पिएं। पानी शरीर को ताजगी व बालों को सुरक्षा देता है।

- अपने आहार में चोकर युक्त आटे की रोटी, बिना पॉलिश किया चावल, हरी सब्जी, ताजे फल, अंकुरित खाद्यान्न, दुग्ध आहार, कच्ची सब्जी (सलाद) आदि शामिल करें।
- सप्ताह में एक बार अपने टावेल, कंघा, ब्रश, हेयर बेंड आदि को डेटॉल के पानी से धोकर संक्रमण से मुक्त अवश्य करें।
- 15 दिनों के अन्तराल में बालों को भाप दें।
- दिन में 3 बार बालों को अच्छी तरह कंघी या ब्रश अवश्य करें। इससे अनावश्यक धूल मिट्टी निकल जाती है और सिर में रक्त संचरण तेज होता है।

बालों को भाप दें

नहाने से पूर्व नारियल का हलका गरम तेल बालों की जड़ों में लगा कर उंगलियों के पोरों से हलकी-हलकी मालिश करें। इसके बाद बालों को भाप दें। इसके लिए गरम पानी में टावेल को डुबोकर निचोड़े और सिर पर लपेट लें। ठंडा होने पर पुनः गरम पानी में डुबोकर निचोड़ लें और सिर पर लपेट लें। यह विधि 5-7 बार अपनाएं, इससे सिर की त्वचा के रोमकूप खुल जाते हैं।

इन्हें आजमाएं

- एक चम्मच मेहंदी पाउडर, एक चम्मच नीबू का रस व एक अंडा लेकर अच्छी प्रकार से फेंट लें। इस पेस्ट को बालों की जड़ों में लगाएं। आधा घंटे बाद बालों को ठंडे पानी से धो लें। नीबू में विटामिन 'सी', फास्फोरस, पोटेशियम, साइट्रिक एसिड, अंडे में कैल्शियम, ऑयरन, फास्फोरस, सेलेनियम, प्रोटीन, एलबुमीन, विटामिन 'ए' तथा मेहंदी में टेनिन, गॉलिक एसिड, म्यूजिलेस लासोन आदि तत्त्व पाए जाते हैं। यह उपाय बालों की जड़ों में मृत कोशिकाओं को जमने नहीं देता है। बालों में जमी डेंड्रफ को भी साफ कर देता है। सप्ताह में एक बार यह प्रयोग करने से डेंड्रफ दूर होती है।
- सौ ग्राम चुकन्दर के पत्तों को पांच लीटर पानी में अच्छी तरह उबाल लें। ठंडा होने पर छानकर इस पानी से बालों को अच्छी तरह से

धोएं। चुकन्दर के पत्तों में काफी मात्रा में कैल्शियम, फास्फोरस, ऑयरन, विटामिन 'ए', 'सी' आदि तत्त्व पाए जाते हैं, जो बालों की जड़ों में जमी डेंड्रफ व मृत कोशिकाओं को समाप्त कर देते हैं तथा बालों को पोषण देकर मजबूती प्रदान करते हैं। चुकन्दर के पत्तों में पाए जाने वाले तत्त्व सिर की त्वचा पर डेंड्रफ उत्पन्न होने से भी रोकते हैं। यह प्रयोग सप्ताह में एक बार किया जा सकता है।

- 100 ग्राम सेब लें। सेब के छिलके व बीजों को निकालकर अच्छी तरह कुचल लें। इसमें थोड़ा-सा गुनगुना पानी मिलाकर बालों की जड़ों में ठीक तरह से लगाएं। इसके बाद बालों को ठंडे पानी से धो लें। सेब में पाए जाने वाले तत्त्व तैलीय डेंड्रफ को दूर करने के लिए काफी लाभदायक होते हैं। सेब में पाए जाने वाले तत्त्व कैल्शियम, ऑयरन, फास्फोरस आदि बालों को पोषण भी देते हैं तथा बालों को मजबूती प्रदान करते हैं। इसमें पाया जाने वाला क्यूरसेटिन नामक तत्त्व एंटी ऑक्सीडेंट का काम करता है। यह प्रयोग सप्ताह में दो-तीन बार करने से डेंड्रफ की समस्या पूरी तरह से दूर हो जाती है।

- नीबू के छिलके का चूर्ण एक चम्मच, आंवले का चूर्ण एक चम्मच, दोनों को पानी में मिलाकर पेस्ट बना लें। इसे बालों की जड़ों में अच्छी प्रकार से लगाएं। आधा घंटा बाद बालों को पानी से धो लें। नीबू के छिलके में कैल्शियम, फास्फोरस, पोटेशियम तथा आंवले में कैल्शियम, फास्फोरस, आयरन आदि तत्त्व काफी मात्रा में पाए जाते हैं। नीबू और आंवले में पाए जाने वाले तत्त्व बालों की जड़ों में उत्पन्न होने वाली डेंड्रफ को दूर करते हैं तथा बालों को पोषण भी देते हैं। इसके नियमित इस्तेमाल से डेंड्रफ की समस्या दूर होती है।

- दो चम्मच बेसन में एक चम्मच शहद मिलाकर बालों की जड़ों में लगाएं। आधा घंटे बाद बालों को पानी से धो लें। यह उपाय नियमित करने से डेंड्रफ की समस्या दूर होती है। बेसन में काफी मात्रा में ऑयरन, मैग्नीशियम, जिंक आदि तत्त्व पाए जाते हैं। बेसन मृत कोशिकाओं और डेंड्रफ को निकाल देता है। शहद सिर की त्वचा

पर प्रभाव डालकर रक्त संचार को बढ़ा देता है, जिससे बालों को सही पोषण मिलने लगता है। शहद का प्रभाव सिर की त्वचा पर डेंड्रफ बनने व जमने से भी रोकता है।

- दो चम्मच त्रिफला पाउडर (आंवला, हरड़, बहेड़ा) में एक चम्मच मुलतानी मिट्टी मिलाकर पानी में पेस्ट बना लें। इस पेस्ट को बालों की जड़ों में अच्छी प्रकार लगाएं। आधा घंटा बाद बालों को पानी से धो लें। त्रिफला में पाए जाने वाले तत्त्व बालों में जमने वाली डेंड्रफ को साफ कर देते हैं तथा इन्हें जमने से भी रोकते हैं। मुलतानी मिट्टी में पाए जाने वाले आयोडीन, हाइड्रेट एल्युमिनियम सिलिमेंट आदि तत्त्व त्वचा की मृत कोशिकाओं को हटाने के साथ-साथ अतिरिक्त तेल को भी साफ कर दते हैं। यह उपाय सप्ताह में एक बार कर सकते हैं।
- एक मग गरम पानी में एक नींबू का रस निचोड़े। बालों को पूरा धो लेने के बाद इस पानी को बालों पर डाल लें और बालों को सुखा लें।
- रात में 6 चम्मच पानी में 2 चम्मच सिरका मिलाकर रूई की सहायता से सिर पर लगा लें। सुबह शैम्पू कर लें। फिर से बालों मे सिरका मिला पानी डालें। इस प्रक्रिया को सप्ताह में एक बार दुहरायें।
- एक नींबू के रस में एक चम्मच चीनी मिलाकर धूप में रखकर शर्बत बना लें और इसे सिर पर लगा ले। 5-6 घंटे बाद धो लें। रूसी निश्चित रूप से खत्म हो जाएगी।

चेहरे का सौंदर्य

चेहरे का आकर्षण सुंदर, स्वच्छ, कोमल, चिकनी, कांतिमय त्वचा पर निर्भर करता है। त्वचा शरीर का बाहरी आवरण होता है। जलवायु, वातावरण, तनाव, असंतुलित आहार आदि का प्रभाव त्वचा पर शीघ्र पड़ता है, जिसकी वजह से त्वचा की प्राकृतिक सुंदरता नष्ट हो जाती है। त्वचा के आकर्षण को बनाए रखने के लिए त्वचा की उचित देखभाल, सफाई तथा आवश्यक तत्त्वों द्वारा त्वचा को पोषण देने की आवश्यकता होती है। सुन्दर दिखने के लिए स्वस्थ व चमकदार त्वचा पहली आवश्यकता है। चेहरे की त्वचा संवेदनशील होती है अतः इसकी देख-रेख की आधिक आवश्यकता होती है। सुन्दर, चिकनी व चमकदार त्वचा पाना कोई मुश्किल कार्य नहीं है।

त्वचा की उचित देखभाल के लिए त्वचा के मिजाज को जानना जरूरी है। त्वचा को निम्नलिखित भागों में विभाजित किया जा सकता हैः

- सामान्य त्वचा (नार्मल स्किन)
- तैलीय त्वचा (ऑइली स्किन)
- रूखी त्वचा (ड्राई स्किन)
- मिश्रित त्वचा (कॉम्बिनेशन स्किन)
- संवेदनशील त्वचा (सेंसिटिव स्किन)

कैसे पहचानें त्वचा का मिजाज?

टिशू पेपर टेस्ट द्वारा त्वचा को आसानी से पहचान सकते हैं। सुबह उठकर सबसे पहले टिशू पेपर टेस्ट करें। इसके लिए अलग-अलग टिशू पेपर लेकर अपने माथा, गाल, नाक, ठोड़ी पर दबाएं (रगड़ें नहीं)।

- यदि सभी टिशू पेपर पर तेल हैं, तो आपकी त्वचा तैलीय है।
- यदि नाक, ठोड़ी और माथे के टिशू पेपर पर तेल तथा गालों वाले टिशू पेपर पर बिलकुल भी तेल न हो, तो समझें आपकी त्वचा मिली-जुली है।
- यदि किसी भी टिशू पेपर पर तेल न हो, तो इसका अर्थ है कि आपकी त्वचा रूखी या सामान्य है।
- रूखी या सामान्य त्वचा को पहचानने के लिए आप अपने चेहरे को बेसन या आटे से साफ करें।
- यदि चेहरा खिंचा-खिंचा महसूस करें, तो आपकी त्वचा रूखी है।
- यदि त्वचा मुलायम, लचीली हो, तो आपकी त्वचा सामान्य है।
- संवेदनशील त्वचा पर कील, मुंहासों की भरमार होती है।

सामान्य त्वचा (नार्मल स्किन) : सामान्य त्वचा में नमी और तेल का सही संतुलन होने की वजह से त्वचा में विशेष आकर्षण, ताजगी और हलकी लालिमा होती है। सामान्य त्वचा अच्छी प्रकार की त्वचा मानी जाती है।

सामान्य त्वचा की देखभाल

- सामान्य त्वचा को सुंदर बनाए रखने के लिए सुबह-शाम त्वचा की सफाई करें।
- गहरा मेकअप न करें। इससे चेहरे की स्वाभाविक चमक छिप जाती है।
- स्नान के पहले चेहरे पर हलकी मालिश करें, जिससे त्वचा पर रक्त संचार होगा, त्वचा और सुंदर बनेगी।
- रात्रि में सोते समय मेकअप अवश्य उतार दें, जिससे त्वचा को पर्याप्त मात्रा में ऑक्सीजन मिल सके।
- त्वचा के पोषण व आकर्षण के लिए सप्ताह में एक बार उबटन अवश्य लगाएं।

- पंद्रह दिन में एक बार चेहरे पर भाप दें।
- पौष्टिक आहार का सेवन करें।
- नहाने के बाद, मुंह धोने के बाद चेहरे व गर्दन पर क्रीम अवश्य लगाएं।
- त्वचा के अनुरूप ही साबुन, क्रीम का चुनाव करें।

सामान्य त्वचा के लिए उपाय

- दो चम्मच गेहूं का आटा लेकर पानी में गाढ़ा पेस्ट बना लें। इसे हलका-सा गरम करके, इसमें एक चम्मच शहद मिलाकर चेहरे पर लगाएं। गेहूं में पाया जाने वाला फाइबर त्वचा की मृत कोशिकाओं को साफ कर देता है। शहद त्वचा में खिंचाव पैदा कर त्वचा में रक्त संचार बढ़ा देता है। यह उपाय नियमित करने से त्वचा स्वस्थ एवं सुंदर बनी रहती है।
- एक चम्मच चंदन का बूरा (पाउडर), आधा चम्मच हलदी को दूध में मिलाकर पेस्ट बना लें। इसे चेहरे पर अच्छी तरह से लगाएं। पंद्रह मिनट बाद चेहरे को हलके गुनगुने पानी से धो लें। चंदन मृत कोशिकओं को ठीक तरह से निकाल देता है। दूध में पाए जाने वाले तत्त्व कैल्शियम, फास्फोरस, मैग्नीशियम, प्रोटीन, लेक्टोज, विटामिन आदि तथा हलदी में पाए जाने वाले तत्त्व त्वचा को सही पोषण देकर सुंदर, कोमल और स्वस्थ बनाए रखते हैं।
- दो चम्मच मैदा को दूध में मिलाकर गरम कर लें। ठंडा करके इसमें गुलाबजल मिलाकर चेहरे पर लगाएं। 10-15 मिनट बाद चेहरे को गुनगुने पानी से धो लें। मैदा त्वचा में खिंचाव पैदा कर रक्त संचार को बढ़ा देती है, तथा मृत कोशिकाओं को अच्छी तरह से निकालती है। दूध अच्छे प्रकार का क्लींजर है। गुलाबजल में पाए जाने वाले तत्त्व त्वचा को पोषण देते हैं। इसमें पाया जाने वाला विटामिन 'ई' एंटी आक्सीटेंड का काम करता है।
- एक अंडा, दो चम्मच दूध में मिलाकर अच्छी प्रकार से फेंट लें। इसे चेहरे और गरदन पर लगाएं। 10-15 मिनट बाद हलके गुनगुने पानी

से छुड़ा लें। इसके बाद चेहरे पर ठंडे पानी के छींटे मारें। अंडे में पाए जाने वाले तत्त्व त्वचा के लिए काफी लाभदायक होते हैं। अंडा मृत कोशिकाओं को हटाकर ऊतकों के पुनर्निर्माण में मदद करता है।

- दो चम्मच लौकी का रस, दो चम्मच पपीते का पेस्ट (पके वाले पपीते का गूदा), एक बादाम, 8-10 अंगूर, इन सभी को अच्छी प्रकार पीसकर मिला लें। इसमें एक चम्मच गुलाबजल मिलाकर चेहरे पर लगाएं। 10-15 मिनट बाद चेहरा धो डालें। लौकी, पपीता, बादाम और अंगूर में पाए जाने वाले तत्त्व सामान्य त्वचा को पोषण देते हैं, जिससे त्वचा सुंदर बनी रहती है।
- एक चम्मच गेंहू का चोकर लें उसमें पानी मिलाएं। चेहरे पर लगाकर 5 मिनट बाद रगड़-रगड़कर उतार दें। ठंडे पानी से चेहरा धो लें। धोने के बाद चेहरे का पानी पौछें, नहीं इसे अपने आप सूखने दें।
- बादाम के तेल की मालिश करें।

तैलीय त्वचा (ऑइली स्किन) : यह त्वचा चिकनी व चमकीली होती है। यह त्वचा अच्छी मानी जाती है, किंतु अधिक तैलीय व चिपचिपाहट होने पर कई बार अनेक प्रकार की समस्याएं भी उत्पन्न हो जाती हैं। इसलिए इस प्रकार की त्वचा को विशेष देखभाल की आवश्यकता होती है। तैलीय ग्रंथि की अधिक सक्रियता की वजह से त्वचा की सतह पर तेल फैल जाता है, जिसकी वजह से कील, मुहांसे, ब्लैक हेड, दाग-धब्बे, झांइयां झुर्रियां आदि की समस्या उत्पन्न हो जाती है।

तैलीय त्वचा की देखभाल

- चेहरे को दिन-भर में दो-तीन बार पानी से अच्छी तरह साफ करें।
- रात को सोते समय मेकअप को अच्छी तरह से उतार लें।
- दिन-भर में आठ-दस गिलास पानी अवश्य पिएं। पानी शरीर की ताजगी को बनाए रखता है।
- सप्ताह में दो बार चेहरे पर भाप लें, जिससे रोम-छिद्र अच्छी तरह से खुल जाएं।

- सप्ताह में एक बार चेहरे पर उबटन लगाएं, जिससे त्वचा को पोषण मिले।
- तेल, मसाले तथा वसायुक्त खाद्य पदार्थों का अधिक सेवन न करें।
- चेहरे पर गहरा मेकअप न करें। गहरा मेकअप त्वचा के छिद्रों को बंद कर देता है, जिससे कोशिकाओं को शुद्ध हवा और प्रकाश नहीं मिल पाता है।
- चेहरे को रोजाना दिन में दो बार साबुन से धोएं ताकि अतिरिक्त तेल निकल जाएं।
- तनावमुक्त रहें और पर्याप्त नींद अवश्य लें।
- मुंहासे तैलीय त्वचा पर अधिक होते है इन्हें नोचें नहीं। मुंहासे होने पर चेहरे की स्वच्छता का विशेष ध्यान रखें।
- दिन में एक बार नींबू पानी अवश्य पीएं।

तैलीय त्वचा के लिए उपाय

- एक चम्मच शहद, आधा चम्मच नीबू का रस मिलाकर चेहरे पर लगाएं। 15-20 मिनट बाद चेहरे को मिनरल वाटर से धो लें। शहद और नीबू के तत्त्व त्वचा की तैलीयता को अच्छी तरह से निकाल देते हैं। इनमें पाए जाने वाले तत्त्व सोडियम, पोटेशियम, साइट्रिक एसिड, फास्फोटिक एसिड, सूक्रोज, ग्लूकोज, फ्रक्टोज आदि तैलीय ग्रंथि की सक्रियता को भी रोकते हैं।
- तुलसी के ताजे पत्तों का पेस्ट दो चम्मच, एक चम्मच गुलाबजल मिलाकर चेहरे पर लगाएं। 15-20 मिनट बाद चेहरे को ठंडे पानी से धो लें। तुलसी का यह पेस्ट अच्छे प्रकार का ब्लीच है। यह त्वचा की गहराई तक जाकर सफाई करता है। यह पेस्ट मृत कोशिकाओं को अच्छी तरह से साफ करता है तथा तैलीय ग्रंथि के सक्रिय प्रभाव को कम करता है। गुलाबजल स्किन टॉनिक है। इस पेस्ट के नियमित इस्तेमाल करने से त्वचा की तैलीयता कम होती है।

- घृत कुमारी (ऐलोवेरा) का एक छोटा-सा पत्ता, एक चम्मच मुलतानी मिट्टी, एक चम्मच नीबू का रस लें। ऐलोवेरा के पत्ते को बीच में से काटकर एक चम्मच गूदा निकाल लें। इसमें मुलतानी मिट्टी और नीबू का रस मिलाकर पेस्ट बना लें। इसे चेहरे पर अच्छी तरह से लगाएं। 15-20 मिनट बाद पानी से साफ कर लें। ऐलोवेरा में पाए जाने वाले एंजाइम त्वचा की तैलीयता को अच्छी तरह से साफ कर देते हैं तथा त्वचा की तैलीयता को रोकते भी हैं। नीबू और मुलतानी मिट्टी त्वचा को संकुचित करते हैं। मुलतानी मिट्टी में पाया जाने वाला हाइड्रेट एल्युमिनियम सिलिकेट त्वचा के लिए एक आवश्यक तत्त्व है। यह त्वचा की मृत कोशिकाओं को हटाने के साथ-साथ अतिरिक्त तेल को सोख लेता है।
- दो मुट्ठी पॉपकॉर्न (भुना हुआ मक्का) आधे कप दूध में 15 मिनट तक भीगने के लिए रख दें। इसके बाद अच्छी तरह से मसलकर कठोर वाले हिस्से को निकालकर फेंक दें। अब इस पेस्ट को चेहरे व गले पर लगाएं। 10-15 मिनट बाद चेहरे को पानी से साफ कर लें, पॉपकॉर्न डेड सेल को अच्छी तरह से निकाल देता है तथा त्वचा की तैलीयता को भी खत्म करता है। दूध का क्लींजर गुण त्वचा की गहराई तक जाकर सफाई करता है तथा त्वचा को पोषण देता है। इस उपाय को सप्ताह में दो बार करने से त्वचा की तैलीयता कम होती है।
- एक अंडे की सफेदी में एक चम्मच दूध मिलाकर अच्छी तरह फेंट लें। इसे पूरे चेहरे पर लगाएं। 10-15 मिनट बाद पानी से अच्छी तरह छुड़ा लें। अंडे की सफेदी में पाए जाने वाले तत्त्व त्वचा की तैलीयता को अच्छी तरह साफ कर देते हैं। इसमें पाया जाने वाला सेलेनियम नामक तत्त्व पोरस को टाइट करता है तथा फ्री रेडीकल्स को दूर करता है। यह ऊतकों के पुनर्निर्माण में भी काफी लाभकारी होता है। अंडा त्वचा को सही पोषण भी देता है। अंडे का पीला वाला हिस्सा (जर्दी) शुष्क त्वचा (ड्राई स्क्रीन) के लिए लाभदायक होता है।

✦ एक चम्मच गाजर का रस व एक चम्मच पालक का रस मिला लें। इसे चेहरे व गर्दन पर लगाएं। 15-20 मिनट बाद धो लें।

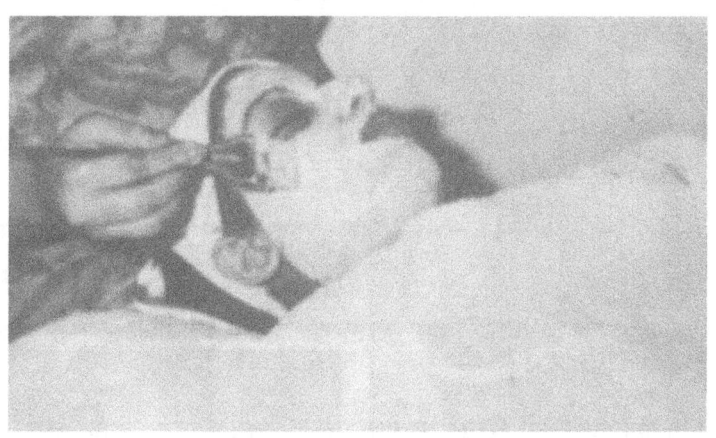

✦ एक चम्मच खीरा ककड़ी का रस एक चम्मच गुलाबजल और एक चम्मच बेसन लें। पेस्ट बनाकर चेहरे पर लगाएं। हल्का सूखने पर ठण्डे पानी से धो लें।

✦ एक चम्मच दही में आधा चम्मच नींबू का रस मिलाएं। चेहरे व गर्दन पर दस मिनट लगा रहने दें। ठण्डे पानी से धो लें।

शुष्क त्वचा (ड्राई स्किन) : इस प्रकार की त्वचा में तेल तथा नमी की कमी होती है, जिसके कारण त्वचा का रंग सामान्य नहीं रहता है। धोने पर यह खिंची-खिंची सी रहती है। मौसम का प्रभाव भी इस प्रकार की त्वचा पर अधिक पड़ता है। गरमी, नमी की कमी तथा ठंड में तेल की कमी हो जाती है। ऐसी त्वचा पर उम्र का प्रभाव भी जल्दी दिखाई देने लगता है।

शुष्क त्वचा की देखभाल

✦ दिन में दो-तीन बार चेहरे की अच्छी तरह सफाई करें। चेहरा धोने के लिए साबुन की बजाय प्राकृतिक स्रोत बेसन या आटे का उपयोग करें।

- त्वचा को सूर्य की अल्ट्रावॉयलेट किरणों से बचाएं। इसके लिए धूप में निकलते समय छतरी का प्रयोग करें।
- गहरा मेकअप न करें। गहरा मेकअप त्वचा के छिद्रों को बंद कर देता है, जिससे त्वचा से निकलने वाला पसीना ठीक से नहीं निकल पाता है तथा त्वचा को ऑक्सीजन नहीं मिल पाती है।
- त्वचा की ताजगी के लिए सप्ताह में एक बार उबटन अवश्य लगाएं।
- विटामिन 'ए', 'बी', 'सी', 'डी' आदि से भरपूर आहार का सेवन करें।
- सप्ताह में एक बार बादाम रोगन या मलाई अथवा मक्खन से मसाज करें।
- हमेशा चेहरे को ग्लिसरीन दूध मलाई युक्त साबुन अथवा फेस वॉश से ही साफ करें।
- चेहरे की त्वचा को तौलिये से रगड़े नहीं बल्कि हल्के हाथों से थपथपाकर सुखाएं।

शुष्क त्वचा के लिए उपाय

- एक मुलायम कच्चा भुट्टा लेकर उसके दाने छुड़ा लें। इन्हें अच्छी तरह पीस लें। इनमें से छिलके निकालकर चेहरे पर अच्छी तरह लगाएं। 10-15 मिनट बाद ठंडे पानी से छुड़ा लें। भुट्टे में फास्फोरस, विटामिन 'ए', कैल्शियम आदि पदार्थ काफी मात्रा में पाए जाते हैं। भुट्टा त्वचा की मृत कोशिकाओं को ठीक तरह से निकाल देता है तथा शुष्क त्वचा को आवश्यक पोषण देकर त्वचा को सुंदर व मुलायम बनाता है। यह प्रयोग सप्ताह में दो बार कर सकते हैं।
- एक पका केला लेकर अच्छी तरह मसल लें। इसमें एक चम्मच शहद मिलाएं। धीरे-धीरे नीचे से ऊपर की ओर मालिश करते हुए चेहरे व गरदन पर लगाएं। 10-15 मिनट बाद मिनरल वॉटर से चेहरे को साफ कर लें। केले में विटामिन 'ए', 'बी', 'सी', 'ई', कैल्शियम, फास्फोरस, कॉपर, ऑयरन आदि तत्त्व काफी मात्रा में पाए जाते हैं, जो त्वचा को अच्छी तरह साफ करते हैं तथा त्वचा को चिकनाई

देकर लचीला व मुलायम बनाते हैं। शहद में पाए जाने वाले तत्त्व त्वचा को ऊर्जा प्रदान करते हैं।

- एक टमाटर को कद्दूकस कर लें। इसमें एक चम्मच मलाई मिलाएं। इसे अच्छी तरह फेंटकर पूरे चेहरे पर लगाएं। 10-15 मिनट बाद गुनगुने पानी से चेहरे को साफ कर लें। टमाटर में विटामिन 'ए', 'सी', कैल्शियम, फास्फोरस, ऑयरन आदि तत्त्व पाए जाते हैं। टमाटर में पाया जाने वाला लाइकोपिन नामक तत्त्व फ्री-रेडीकल्स को खत्म करता है। मलाई का मॉइश्चराइजर गुण त्वचा को मुलायम व सुंदर बनाता है। यह प्रयोग सप्ताह में दो बार किया जा सकता है।

- पके हुए बब्बूगोशा का गूदा चार चम्मच, एक अंडे की जर्दी (पीला वाला हिस्सा लें), इसमें आधा चम्मच शहद भली-भांति मिलाकर पूरे चेहरे पर लगाएं। सूखने पर चेहरे को पानी से अच्छी तरह साफ कर लें। अंडे की जर्दी त्वचा की मृत कोशिकाओं को निकालती है तथा त्वचा को पोषण देती है। बब्बूगोशा व शहद शुष्क त्वचा को भरपूर पोषण देकर साफ, सुंदर व मुलायम बनाते हैं।

- दो चम्मच चुकंदर का पेस्ट, दो चम्मच सेब का पेस्ट भली-भांति मिलाकर चेहरे पर लगाएं। 15-20 मिनट बाद इसे पानी से छुड़ा लें। चुकंदर में काफी मात्रा में कैल्शियम, फास्फोरस, विटामिन 'सी' आदि तत्त्व पाए जाते हैं। सेब में कैल्शियम, फास्फोरस, आयरन, विटामिन 'सी', पोटेशियम आदि तत्त्व पाए जाते हैं। चुकंदर और सेब में पाए जाने वाले तत्त्व त्वचा की शुष्कता को दूर करते हैं। सेब में पाया जाने वाला क्यूरसेटिन नामक तत्त्व एंटी ऑक्सीडेंट का काम करता है।

- पपीते के छिलके को छाया में सुखाकर महीन चूर्ण बना लें। एक चम्मच चूर्ण में 8-10 बूंद ग्लिसरीन व आवश्यकतानुसार गुलाबजल मिलाकर पेस्ट बनाएं। दस मिनट लगाएं रखें फिर धो लें।

- एक चम्मच गाय का कच्चा दूध लें। इसमें 2-3 बूंद नींबू का रस डालें। इसे रूई की सहायता से चेहरे पर लगाए। 5 मिनट बाद धो लें।

- सूखी डबलरोटी को दूध में भिगोकर उससे चेहरा साफ करें।

मिश्रित त्वचा (कॉम्बिनेशन स्किन) : इस प्रकार की त्वचा में तैलीयता और शुष्कता दोनों गुणों का मिश्रण होता है। चेहरे के टी-जोन अर्थात् माथा, नाक, ठोड़ी वाला हिस्सा तैलीय तथा सी-जोन अर्थात् गाल वाला हिस्सा शुष्क होता है।

मिश्रित त्वचा की देखभाल

- मिश्रित त्वचा के स्वास्थ्य के प्रति लापरवाही न करें।
- दिन में दो-तीन बार चेहरे की भली-भांति सफाई करें।
- अधिक गहरा मेकअप न करें।
- रात्रि में सोते समय मेकअप अवश्य उतारें।
- अधिक तैलीय चीजों का सेवन न करें।
- अपने भोजन में फल व सब्जियां अधिक से अधिक शामिल करें।
- खाली पेट नींबू पानी में शहद डालकर पीएं।
- अपनी त्वचा के अनुरूप साबुन का इस्तेमाल करें।

मिश्रित त्वचा के लिए उपाय

- एक अंडे को फोड़कर सफेद तथा पीले वाला भाग अलग-अलग कर लें। सफेद वाले हिस्से में एक चम्मच दही, एक चम्मच नीबू का रस मिलाएं। इसे अच्छी तरह फेंट लें।
- पीले वाले हिस्से (जर्दी) में एक चम्मच दही, एक चम्मच शहद अच्छी तरह मिलाएं। सफेद वाले हिस्से को टी जोन (माथा, नाक, ठोड़ी) पर लगाएं। पीले वाले हिस्से को सी-जोन (गाल) पर लगाएं। चेहरे को 10-15 मिनट बाद ठंडे पानी से धो लें।
- एक चम्मच चावल का आटा, एक चुटकी बेसन, एक चम्मच गुलाबजल मिलाकर उबटन तैयार करें। दस मिनट चेहरे पर लगा रहने दें। ठंडे पानी से धो लें।
- संतरे, नींबू व अनार के छिलकों का पाउडर समान मात्रा में मिलाकर पानी मिलाकर पेस्ट बनाऐं। इससे चेहरा कांतिमय बनेगा।

संवेदनशील त्वचा (सेंसिटिव स्किन) : इस प्रकार की त्वचा काफी संवेदनशील होती है। त्वचा पर कील, मुंहासे, झांइयां आदि की भरमार होती है। किसी भी चीज से संक्रमण हो जाता है या किसी प्रकार के सौंदर्य प्रसाधन से एलर्जी हो जाती है। इसलिए इस प्रकार की त्वचा पर किसी भी प्रकार की सामग्री का इस्तेमाल करने से पहले परीक्षण की आवश्यकता होती है।

- साफ-सफाई का विशेष ध्यान दें।
- चेहरे पर कुछ भी लगा लेने की आदत से बचें।
- धूप, धूल से प्रभावित त्वचा को तुरन्त धोकर साफ करें।
- चेहरे पर कुछ लगाने की बजाय खान-पान पर ध्यान दें।

संवेदनशील त्वचा की देखभाल

- दिन-भर में त्वचा की दो-तीन बार अच्छी तरह सफाई करें।
- दिन में दो-तीन बार चेहरे पर ठंडे पानी के छींटें मारें।
- दूध या मिनरल वॉटर से चेहरे को साफ करें।
- त्वचा पर ऐसा कुछ न लगाएं, जिससे किसी प्रकार की एलर्जी हो।
- कील, मुंहासे, दाग-धब्बे, झांइयां आदि को दूर करने के लिए किसी भी प्रकार का फार्मूला प्रयोग करने से पहले परीक्षण अवश्य कर लें।
- खान-पान के प्रति विशेष ध्यान रखें। अधिक तेल-मसाले वाली चीजों का सेवन न करें।
- दूसरों द्वारा प्रयोग की जाने वाली सौंदर्य सामग्री का प्रयोग न करें। इससे संक्रमण होने का भय रहता है।
- दिन-भर में आठ-दस गिलास पानी अवश्य पिएं। पानी शरीर को ताजगी देता है।

संवेदनशील त्वचा के लिए उपाय

- संवेदनशील त्वचा पर किसी भी प्रकार का फार्मूला, डॉक्टर की सलाह के बिना प्रयोग न करें। बिना जांच-परख (टेस्ट) के किसी भी प्रकार का फार्मूला प्रयोग करने से त्वचा पर दुष्प्रभाव पड़ सकता है।

चेहरे की झुर्रियां

बढ़ती उम्र के साथ त्वचा में ढीलापन और झुर्रियां आ जाना स्वाभाविक है, क्योंकि उम्र के साथ-साथ त्वचा के कोलोजन और इलास्टिक नामक तत्त्वों की मात्रा कम हो जाती है, जिसकी वजह से त्वचा में ढीलापन आ जाता है। किसी-किसी स्त्री में कम उम्र में भी यह समस्या दिखाई देने लगती है। ऐसी स्थिति में चेहरा मुरझाया व बूढ़ा-सा दिखाई देने लगता है। चेहरे की त्वचा पर झुर्रियां चेहरे के आकर्षण को नष्ट करती हैं, साथ ही चेहरा बुझा-बुझा व अधिक उम्र दर्शाने लगता है।

कम उम्र में त्वचा पर झुर्रियां उत्पन्न होने के कारण

बात-बात पर तुनकना, चिड़चिड़ापन, क्रोध, ईर्ष्या, चिंता, मानसिक तनाव, अधिक श्रम करना, देर रात तक जागरण, सुबह देर तक सोना, अनिद्रा, अनियमित व असंतुलित भोजन, चटपटे-मसालेदार चीजों का अधिक सेवन, चाय, कॉफी, सिगरेट, शराब, मादक द्रव्यों का नियमित सेवन, एलोपैथिक दवाइयों का नियमित सेवन, सिर-दर्द की शिकायत आदि कारणों से त्वचा पर झुर्रियों की शिकायत उत्पन्न हो जाती है। तेज धूप में अधिक देर तक घूमने से भी त्वचा पर झुर्रियां उत्पन्न हो जाती हैं। होता यह है कि तेज धूप त्वचा की नमी को सोखकर त्वचा को सिकोड़ देती है और त्वचा पर झुर्रियां उत्पन्न हो जाती हैं। कई बार त्वचा की कोशिकाओं के जेनेटिक सिस्टम में गड़बड़ी आ जाने से भी त्वचा पर झुर्रियां पड़ जाती हैं। हार्मोनों की गड़बड़ी के कारण भी समय से पूर्व त्वचा पर झुर्रियों की समस्या उत्पन्न हो जाती है। वजन तेजी से घटने से भी त्वचा पर झुर्रियों की समस्या उत्पन्न हो जाती है। गहरा मेकअप करने से त्वचा के रोमछिद्र बंद हो जाते हैं, जिसकी वजह से भी झुर्रियों की समस्या उत्पन्न हो जाती है।

- चेहरे पर की जाने वाली मसाज यदि गलत दिशा में की जाए तो झुर्रियां होने की आशंका बढ़ जाती हैं।
- सस्ते व घटिया किस्म के सौंदर्य प्रसाधनों के प्रयोग से भी चेहरे पर झुर्रियां हो जाती है।

इन बातों पर ध्यान दें

- चेहरे पर झुर्रियां न पड़ें, इसके लिए चिढ़ना, कुढ़ना, ईर्ष्या, क्रोध, चिंता, मानसिक तनाव आदि से बचें। हमेशा प्रसन्नचित्त रहें, जी भरकर हंसें और दूसरों को भी हंसाएं।
- भरपूर नींद लें। देर रात तक जागरण न करें। सुबह जल्दी उठें।
- नियमित समय से खान-पान करें। अधिक चटपटे, मसालेदार, वसायुक्त भोजन न खाएं। अपने आहार में विटामिन 'ए', 'बी-काम्पलेक्स', 'सी', 'ई' आदि से भरपूर खाद्य पदार्थ, हरी सब्जियां, अंकुरित खाद्यान्न, दूध, ताजे फल, सूखे मेवे आदि शामिल करें।
- पानी खूब पिएं। पानी त्वचा की स्निग्धता को बनाए रखता है। दिन-भर में पांच-छः लीटर पानी पीना चाहिए। पानी शरीर के जहरीले पदार्थ को मल, मूत्र और पसीने के रूप में बाहर निकालता है। त्वचा और मांसपेशियों की शिथिलता को दूर करता है। उन्हें ताजगी प्रदान करता है।
- हमेशा हलका मेकअप करें। गाढ़ा मेकअप रोमछिद्रों को बंद कर देता है, जिससे त्वचा को पर्याप्त मात्रा में ऑक्सीजन और पोषण नहीं मिल पाता।
- रात्रि में सोते समय मेकअप अवश्य उतार दें, जिससे त्वचा को पर्याप्त ऑक्सीजन मिलती रहे।
- धूम्रपान की आदत त्वचा की कोमलता को नष्ट कर देती है। धूम्रपान से रक्त की कोशिकाएं सिकुड़ने लगती हैं तथा त्वचा की विटामिन ग्रहण करने की क्षमता कम हो जाती है, जिसकी वजह से त्वचा पर झुर्रियां पड़ने लगती हैं। वैज्ञानिक शोध में यह भी पता चला है कि

धूम्रपान से त्वचा में सुसुप्तावस्था में जीन के पुनर्निर्माण की प्रक्रिया ठहर जाती है।

◆ अपने हाथों को बार-बार चेहरे पर न फिराएं। इससे भी चेहरे पर झुर्रियां पड़ जाती हैं तथा हाथों के माध्यम से किसी प्रकार का इंफेक्शन भी चेहरे पर हो सकता है।

◆ चेहरे पर मसाज किसी कुशल विशेषज्ञ से ही कराएं। साथ ही, मसाज की दिशा नीचे से ऊपर तथा बाहर से अन्दर की ओर रखें।

◆ हमेशा अच्छी क्वालिटी के सौंदर्य प्रसाधन उपयोग में लाएं। हर एक वर्ष के बाद इन्हें बदल दें।

◆ सुबह-सुबह जोर-जोर से खुलकर हंसें। चेहरे के हल्के-फुल्के व्यायाम करें।

चेहरे की झुर्रियां दूर करने के उपाय

◆ दो चम्मच गाजर के रस में एक चम्मच शहद मिलाकर चेहरे पर लगाएं। गाजर में पाए जाने वाले तत्त्व त्वचा पर विशेष प्रभाव डालते हैं। इसमें पाए जाने वाले तत्त्व बीटा कैरोटोन तथा एंटी आक्सीडेंट त्वचा की झुर्रियों को दूर करते हैं। शहद में पाए जाने वाले विशेष तत्त्व त्वचा की कोशिकाओं को पोषण देते हैं तथा झुर्रियां दूर करते हैं।

◆ पके पपीते का चार चम्मच पेस्ट लेकर पूरे चेहरे पर लेप करें। 10-15 मिनट बाद चेहरे को ठंडे पानी से धो लें। कुछ ही दिनों में चेहरे की झुर्रियां दूर हो जाएंगी। पपीता मृत कोशिकाओं को हटाकर त्वचा को पोषण देता है। पपीते में विटामिन 'ए', 'सी', ऑयरन, कैल्शियम आदि तत्त्व काफी मात्रा में पाए जाते हैं। पपीते में पाया जाने वाला एंजाइम चेहरे की झुर्रियां खत्म कर देता है। इस पेस्ट को नियमित प्रयोग करने से लाभ दिखाई देता है।

◆ दो चम्मच टमाटर का पेस्ट, आधा चम्मच नीबू, आधा चम्मच मलाई अच्छी प्रकार से मिलाकर पूरे चेहरे पर लगाएं। 10-15 मिनट बाद चेहरे को पानी से साफ कर लें। टमाटर में पाए जाने वाले तत्त्व

त्वचा के लिए काफी लाभदायक होते हैं। टमाटर में विटामिन 'ए', 'सी', कैल्शियम, फास्फोरस, ऑयरन आदि तत्त्व कॉफी मात्रा में पाए जाते हैं। इसमें पाया जाने वाला लाइकोपिन फ्री-रेडिकल्स को खत्म करता है, जिससे झुर्रियां कम होती हैं।

- ✦ एक केले को मसलकर इसमें एक चम्मच मिल्क पाउडर मिलाएं। इसे पूरे चेहरे पर अच्छी प्रकार लगाएं। 15-20 मिनट बाद ठंडे पानी से चेहरा साफ कर लें। केले में विटामिन 'ए', 'बी', 'सी', ऑयरन, मैग्नीशियम, फास्फोरस कैल्शियम, जिंक आदि तत्त्व पाए जाते हैं। केला और मिल्क पाउडर त्वचा को कसते हैं, जिससे झुर्रियां दूर होती हैं।
- ✦ एक अंडा, एक चम्मच शहद, एक चम्मच बेसन भली-भांति मिलाकर फेंट लें। इस मिश्रण का चेहरे पर लेप करें। 10-15 मिनट बाद ठंडे पानी से साफ कर लें। अंडे में पाए जाने वाले तत्त्व त्वचा के लिए काफी लाभदायक होते हैं। इसमें पाया जाने वाला सेलेनियम नामक तत्त्व फ्री रेडीकल्स को दूर करता है। अंडा झुर्रियों को भी दूर करता है तथा ऊतकों के पुनर्निर्माण में भी सहयोग देता है। बेसन मृत कोशिकाओं को हटाकर त्वचा में निखार लाता है। सप्ताह में एक बार यह प्रयोग करने से लाभ दिखाई देता है।
- ✦ एक चम्मच बेसन, एक चम्मच बादाम का तेल, आधा चम्मच कच्ची हलदी पिसी हुई, आधा चम्मच नीबू का रस तथा आवश्यकतानुसार दूध मिलाकर पेस्ट बना लें। इस पेस्ट को चेहरे और गरदन पर लगाएं। सूखने पर पानी से धोकर छुड़ा लें। बादाम में पाए जाने वाले तत्त्व त्वचा की कोशिकाओं के लिए काफी लाभदायक होते हैं। यह प्रयोग नियमित करने से चेहरे व गरदन की झुर्रियां दूर होती हैं।
- ✦ चेहरे को ढंक कर भाप लें। भाप लेते समय उबलते पानी में एक छोटा चम्मच नींबू का रस डाल दें। झुर्रियां खत्म होंगी।
- ✦ एक गिलास पानी में एक मुट्ठी त्रिफला पाउडर डाल कर रात-भर के लिए गला दें। सुबह इसे छान कर इस पानी से चेहरा धोएं। झुर्रियां मिटाने में यह प्रयोग सहायक सिद्ध होगा।

◆ एक चम्मच हल्दी पाउडर में आक के पत्ते का दूध मिलाकर लेप तैयार करें। इसे झुर्रियो से प्रभावित त्वचा पर लगाएं। सावधानी रखें, यह लेप आंखों में न जाने पाएं।

झांइयों की समस्या

झांइयों के कारण त्वचा के रंग में एक प्रकार की असमानता आ जाती है। त्वचा पर गहरे कत्थई, काले रंग के धब्बे हो जाते हैं। त्वचा का रंग कभी हलका तो कभी गहरा हो जाता है। दाग का आकार भी घटता-बढ़ता रहता है। त्वचा में आई इसी असमानता को झांइयां (पिगमेंटेशन) कहते हैं। झांइयों की वजह से त्वचा की सतह पर सिर्फ रंग में बदलाव आता है, उसकी संवेदनशीलता पर कोई प्रभाव नहीं पड़ता है। चेहरे पर झांइयां चांद पर

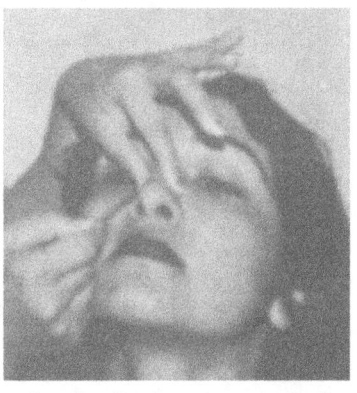

लगे दाग के समान होती है जो चेहरे को सौंदर्य को नष्ट करती है। चेहरे की समस्याओं में से एक झांइयां प्रायः 25-30 वर्ष की उम्र के बाद देखने को मिलती है।

झांइयां उत्पन्न होने के कारण

त्वचा की एंडोक्राइन ग्लैंड में अनियमितता आना, लीवर की खराबी, गर्भावस्था, रजोनिवृत्ति, एमीबियासिस, हृदय रोग, डायबिटिज, ल्यूकोरिया, एनीमिया, कब्ज, लंबी बीमारी, पेट में कृमि, शरीर में विटामिन 'ए', 'ई' की कमी होना आदि कारणों से झांइयों की समस्या उत्पन्न हो जाती है। चिड़चिड़ापन, मानसिक तनाव, अत्यधिक चिंता आदि मानसिक कारणों से भी झांइयों की समस्या उत्पन्न हो जाती है। शराब, धूम्रपान का इस्तेमाल करना, लंबे समय तक दवाइयों का सेवन करना, नींद की गोलियों का सेवन भी झांइयों की समस्या का कारण बन सकती है।

अत्यधिक गहरा मेकअप, बार-बार ब्लीच करवाना, तेज धूप में अधिक घूमना, सस्ते व तेज रासायनिक पदार्थ वाले सौंदर्य प्रसाधन का इस्तेमाल करना, रूज, फाउंडेशन, हेयर डाई का नियमित प्रयोग करने से भी चेहरे पर झांइयों की समस्या उत्पन्न हो जाती है।

- झांइयां होने का प्रमुख कारण लापरवाही है वह चाहे पौष्टिक भोजन लेने में हो या चेहरे के रख-रखाव में।
- अधिक पुराने सौंदर्य प्रसाधनों के इस्तेमाल से भी झांइयां होती है।

इन बातों पर ध्यान दें

- तेज धूप में निकलने से बचें। यदि निकलना आवश्यक हो, तो छतरी लेकर निकलें।
- तनाव मुक्त रहें, हमेशा प्रसन्नचित्त रहें, खुलकर हंसें।
- देर रात्रि तक जागरण न करें। भरपूर नींद लें। सुबह जल्दी उठें।
- गहरा मेकअप न करें। रात्रि में सोते समय मेकअप अवश्य उतार दें।
- चेहरे पर झांइयां होने पर हेयर डाई का इस्तेमाल करने वालों को कुछ समय के लिए बालों में डाई लगाना बंद कर देना चाहिए।
- चेहरे पर झांइयां होने पर रक्त की जांच करवाएं। रक्त में हीमोग्लोबिन की कमी होने पर डॉक्टर की सलाह पर आयरन की गोलियों का सेवन करें।
- दिन-भर में 10-15 गिलास पानी अवश्य पिएं। पानी त्वचा की शुष्कता (ड्रायनेस) को दूर करता है।
- चेहरे को बार-बार ब्लीच न करवाएं। अधिक ब्लीचिंग करने से झांइयां पड़ जाती हैं। जब भी ब्लीचिंग करवाएं, तो इसके बाद फेशियल अवश्य करवाएं, ताकि ब्लीचिंग के कारण उत्पन्न हुई शुष्कता से स्किन बर्न (त्वचा का जल जाना) की समस्या उत्पन्न न हो।
- चेहरे पर झांइयां होने पर ब्लीच नहीं करवाना चाहिए, इससे झांइयां अधिक बढ़ जाती हैं।

- दूसरों की सौंदर्य सामग्री का उपयोग न करें। इससे त्वचा पर इंफेक्शन होने का भय रहता है।
- अधिक पुराने सौंदर्य प्रसाधनों के प्रयोग से बचें।
- अपने भोजन में विटामिन ए, विटामिन इ, प्रोटीनयुक्त खाद्य पदार्थ अवश्य शामिल करें।
- चेहरे व गर्दन की स्वच्छता व देखभाल का पूरा ध्यान रखें।

झांइयां दूर करने के उपाय

- आधा चम्मच शहद में 4-5 बूंद सिरका मिलाकर झांइयों पर लगाएं। शहद में मैग्नेशियम, कैल्शियम, बीटा कैरीओस्टेटिक आदि तत्त्व पाए जाते हैं, तथा सिरके में पाए जाने वाले तत्त्व चेहरे पर उत्पन्न हुए दाग-धब्बों और झांइयों को साफ कर देते हैं। यह प्रयोग सप्ताह में दो बार करें।

- आधा चम्मच चंदन, आधा चम्मच हलदी और थोड़ी सी केसर मिलाकर दूध में पेस्ट बना लें। इसे नियमित रूप से लगाने से झांइयां मिट जाती हैं। हलदी में पाए जाने वाले तत्त्व त्वचा को मुलायम व चिकनी बनाते हैं। हलदी रक्तशोधक व कीटाणुनाशक भी होती है। इसमें पाए जाने वाले खनिज पदार्थ, मैग्नीशियम, कॉपर, जिंक त्वचा पर उत्पन्न झांइयों को साफ करते हैं। चंदन त्वचा को ठंडक प्रदान करता है। केसर त्वचा को मुलायम बनाती है व रंगत प्रदान करती है। इस प्रयोग को नियमित करने से झांइयां दूर होती हैं तथा त्वचा साफ व उजली बनती है।

- एक चम्मच खीरे का रस, एक चम्मच गाजर का रस, एक चम्मच टमाटर का रस अच्छी प्रकार मिलाकर नियमित रूप से झांइयों पर लगाने से झांइयां दूर होती हैं। खीरा, गाजर और टमाटर में पाए जाने वाले तत्त्व अच्छे ब्लीच का काम करते हैं। इनमें पाया जाने वाला ए.एच.ए. (एल्फा हाइड्रोक्सी एसिड) दाग-धब्बों और झांइयों को दूर करता है।

- संतरे के छिलके का पाउडर एक चम्मच, इसमें आवश्यकतानुसार गुलाबजल मिलाकर पेस्ट बना लें। इसे झांइयों पर लगाएं। संतरे में विटामिन 'ए', 'बी-2', आयरन, फास्फोरस, कॉपर, प्रोटीन फॉलिक एसिड, सोडियम, कैल्शियम पर्याप्त मात्रा में पाए जाते हैं। संतरे और गुलाबजल में पाए जाने वाले तत्त्व झांइयों को दूर करते हैं तथा त्वचा को कोमल व आकर्षक बनाते हैं।
- पके पपीते के स्लाइज को झांइयों पर रगड़ने से झांइयों की समस्या दूर होती है। पपीते में पाए जाने वाले एंजाइम त्वचा पर प्रभाव डालकर झांइयों को दूर करते हैं। ये तत्त्व मृत कोशिकाओं को भी हटाते हैं तथा त्वचा को पोषण भी देते हैं। पपीते का उपरोक्त विधि के अनुसार नियमित इस्तेमाल करने से त्वचा साफ, सुंदर, मुलायम और दाग रहित बनती है।
- एक चम्मच मूली के रस में आधा चम्मच शहद मिलाकर चेहरे की झांइयों पर लगाने से झांइयां दूर हो जाती हैं। मूली में विटामिन 'ए', 'बी', 'सी', कैल्शियम, फास्फोरस, आयरन आदि तथा शहद में पाए जाने वाले सूक्रोज, ग्लूकोज, फ्रक्टोज आदि तत्त्व झांइयां और दाग-धब्बों को दूर करते हैं। यह त्वचा की कोशिकाओं को ऊर्जा व पोषण भी देते हैं। इस प्रयोग के नियमित इस्तेमाल करने से चेहरा सुंदर, मुलायम और आकर्षक बनता है।
- शहद, नींबू, कच्चा दूध समान मात्र में मिलाकर झांइयों पर लगाएं। 30 मिनट बाद धो दें।
- एक बड़ा चम्मच मुल्तानी मिट्टी तील बड़े चम्मच संतरे के छिलकों का पाउडर आवश्यकतानुसार खीरे का रस मिलाकर चेहरे पर लगाएं। सूखने पर ठण्डे पानी से धो लें।
- आंवले और नीबू का रस बराबर मात्रा में चेहरे और गर्दन पर मालिश करने से चेहरे की झांईयां धीरे-धीरे मिट जाती हैं और चेहरे का रंग भी साफ हो जाता है।
- तुलसी की पत्तियों का रस कच्चे नारियल के साथ पीसकर चेहरे पर लेप करने से झाइयों दूर हो जाती है।

डबल चिन

डबल चिन यानी दोहरी ठोड़ी चेहरे के आकर्षण को नष्ट कर देती है और इसके कारण पूरा व्यक्तित्व प्रभावहीन नजर आता है। डबल चिन की समस्या उत्पन्न होने पर परेशान होने की बजाय धैर्यपूर्वक इस समस्या के उत्पन्न होने के कारण का पता लगाकर, इसे दूर करने के उपाय करने चाहिए। मोटापा बढ़ने के साथ-साथ ठोड़ी के नीचे मांस भी बढ़ जाता है, जिसे दोहरी ठोड़ी या डबलचिन कहा जाता है। डबल चिन देखने में बहुत भद्दी लगती है और सौंदर्य में कमी लाती है।

डबल चिन की समस्या उत्पन्न होने के कारण

- मोटापा इसका मुख्य कारण है। शरीर पर मोटापे की परत बढ़ने पर डबल चिन की समस्या उत्पन्न हो जाती है।
- सिर को अधिक लटकाकर या झुकाकर चलना।
- अधिक ऊंचा तकिया का इस्तेमाल करना।
- ठोड़ी के नीचे की त्वचा को खींचने की बुरी आदत होना।
- गलत तरीके से मालिश करने से भी डबल चिन की समस्या उत्पन्न हो जाती है।

डबल चिन की समस्या से बचने के उपाय

- मोटापे से बचें। इसके लिए अधिक वसायुक्त व चिकनाई वाले पदार्थों का इस्तेमाल न करें।
- सिर को अधिक लटकाकर या झुकाकर न चलें।

- बिना तकिया लगाए सोएं। इससे शुरू-शुरू में परेशानी तो होगी, परंतु धीरे-धीरे आदत पड़ जाएगी।
- ठोड़ी खींचने की आदत से बचें।
- एक चम्मच मलाई और आधा चम्मच जैतून का तेल मिलाकर अच्छी तरह फेंट लें। सप्ताह में दो बार इसे ठोड़ी के आस-पास नीचे गरदन तक लगाकर अच्छी तरह मालिश करें।
- एक चम्मच ग्लिसरीन में एक चम्मच मलाई को मिलाकर फेंट लें। इससे सप्ताह में एक बार ठोड़ी पर मालिश करें। मालिश करते समय अपने दोनों हाथों की उंगलियों को ठोड़ी से गरदन की ओर ले जाएं। हाथ के पंजों को ठोड़ी के दोनों ओर तेजी से नीचे से ऊपर की ओर ले जाएं। ध्यान रहे कि मालिश सधे हाथों से की जाए।
- नियमित रूप से व्यायाम व योगाभ्यास करें। 'भुजंगासन' - योग-मुद्रा अपनाकर डबलचिन की समस्या स्थायी से मुक्ति पाई जा सकती है।
- मालिश हमेशा किसी कुशल व दक्ष व्यक्ति से करवाएं।
- डबल चिन के शिकार व्यक्ति को सोते समय तकिये का उपयोग बंद कर देना चाहिए।

अन्त में....

हम आशा करते हैं कि प्रस्तुत पुस्तक में आपकी ब्यूटी टिप्स से संबंधित सम्पूर्ण जिज्ञासाओं का समाधान हो गया होगा। ब्यूटी से संबंधित अपनी अन्य जिज्ञासाओं के समाधान हेतु आप हमारे यहाँ से प्रकाशित इस विषय कोई दूसरी पुस्तक लेकर अपने ज्ञान में वृद्धि कर सकते हैं।

आत्म-विकास/व्यक्तित्व विकास

   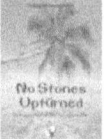    

Also Available in Hindi — Also Available in Hindi — Also Available in Kannada, Tamil

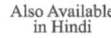

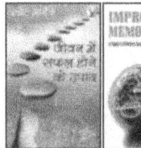       

Also Available in Kannada

Also Available in Kannada

   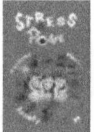   

हमारी सभी पुस्तकें www.vspublishers.com पर उपलब्ध हैं

धर्म एवं आध्यात्मिकता/ज्योतिष/हस्तरेखा/वास्तु/सम्मोहन शास्त्र

कैरियर एण्ड बिजनेस मैनेजमेंट

Also Available in Hindi, Kannada

    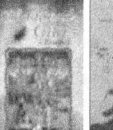 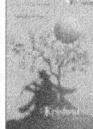
 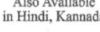

Also Available in Hindi, Kannada

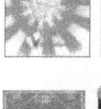     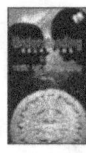

हमारी सभी पुस्तकें www.vspublishers.com पर उपलब्ध हैं

क्विज़ बुक

इंग्लिश इम्प्रूव

एक्टिविटीज बुक

उद्धरण/सूक्तियाँ

आत्मकथा

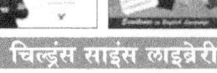

आई ई एल टी एस टेक सीरीज

चिल्ड्रंस साइंस लाइब्रेरी

कम्प्यूटर्स बुक

Also available in Hindi

Also available in Hindi

हमारी सभी पुस्तकें www.vspublishers.com पर उपलब्ध हैं

छात्र विकास

लोकप्रिय विज्ञान

प्रश्नोत्तरी की पुस्तकें

ड्राइंग बुक्स

चिल्ड्रंस एंसाइक्लोपीडिया

हमारी सभी पुस्तकें www.vspublishers.com पर उपलब्ध हैं

हिन्दी साहित्य

NEW

संगीत/रहस्य/जादू एवं तथ्य

Also Available in Hindi

कथा एवं कहानियाँ

NEW All Books Fully Coloured
NEW

बच्चों की कहानियाँ

बांगला भाषा की पुस्तकें

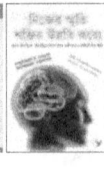

हमारी सभी पुस्तकें www.vspublishers.com पर उपलब्ध हैं

www.ingramcontent.com/pod-product-compliance
Lightning Source LLC
LaVergne TN
LVHW051158080426
835508LV00021B/2689
* 9 7 8 9 3 5 0 5 7 6 4 2 7 *